# 脳科学的に正しい
# 一流の子育てQ&A

脳科学者
西剛志 著

ダイヤモンド社

『才能は誰しも持っている、違いはその使い方だ』

スティービー・ワンダー

Introduction

はじめに

## 変化の大きい時代の子育てとは

最近になって、ＡＩ（人工知能）という言葉をよく耳にするようになりました。世界一の囲碁のチャンピオンにＡＩが勝利したり、ＡＩが一流の寿司職人の技術をまねて美味しい寿司を握れるようになったりと、昔では考えられないようなことが世の中で起きています。先日ニュースで聞いた話ですが、海外では企業をＡＩ化して、人がいなくても仕事を自動化したり、社会保障などの国家戦略までをＡＩに任せたりしようとする国まで出てきているようです。ニューヨーク市立大学で教鞭をとるキャシー・デビッドソン教授は「**2011年にアメリカの小学校に入学した子供達の65%は、大学を卒業するときに今は存在していない職業に就くだろう**」という驚くべき予測も行っています。このような変化の大きい時代を不安に思う人も増えています。これからの世の中において、今の子供達が幸せな人生を歩んでいくためには、一体何が求められているのでしょうか？

私はもともと世界的にうまくいく人達とそうでない人達との違いを、脳科学の観点から研究して、そのノウハウを企業や個人向けに提供する仕事をしています。最近は全国の幼稚園・保育園から認定こども園、私立小学校などで講演会や研修の仕事も依頼されるようになりました（現場に入って子供が伸びる環境づくりのご提案などもしております）。そのおかげもあって、たくさんの子供達と出会う機会に恵まれたのですが、その中で1つとても驚いたことがありました。最初は気づかなかったのですが、子供達が遊んでいる様子を観察しているうちに『子供の遊びのレパートリーが昔と違って、圧倒的に少ない』ことに気づいたのです。昔は近所の子供達と一緒に新しい遊びを考えたり、ルールを変えて創意工夫しながら楽しんだりしたものですが、今の子供達を見ているとその多くが先生が教えた遊びばかりを行って、創造性のある遊びをしている子供が少ないという印象を受けたのです。

世界的な研究でも、子供が大人になってからうまくいくためには『非認知スキル（学力よりも大切な目に見えない力）』が大事だということが分かってきていますが、その1つが『創造力』です。**創造力が低い子供が大人になってどんな人になるのかという米国の調査では、勉強はできても創造力がない子供は、意外と普通の大人になることが分かってきています。一方で勉強はできなくても、創造力のある子供は、大人になって特定の分野で卓越した成果を出しやすいことが報告されています。**

最近は企業研修でも人材開発の担当の方から「今の若い子達は言われたことは完璧にやってくれるので優秀です。でも、こちらから仕事を与えないとやってくれないんです。

本当に困っています」と悩みを相談されることも多くなってきました。本人には悪気はないと思うのですが、ただ指示されたことだけをこなす人達は、将来的にかなりのリスクを背負うことになります。何故なら、言われたことをこなすというのは、ＡＩの最も得意な仕事だからです。今、日本の一部の飲食店でも、ＡＩを搭載したロボットが受付で接客をするようなことが増えているようです。**単純な作業を伴う仕事はＡＩに奪われてしまう、つまりＡＩに負けてしまうことが予想されます。**

## 天才の遺伝子は存在しない

そんなとき、２０１６年に世界の研究者を驚かせたある事実が発表されました。それが「天才も一般人もＤＮＡ上の違いはない」という事実です（*1）。キングスカレッジ・ロンドンの研究チームは、世界でも「上位０・０３％に入る天才」１４０９人を集めて人を構成する全遺伝子配列（ゲノム）の分析を行ったのですが、どんなに探しても天才と凡人を分ける「天才を生み出すＤＮＡ配列」は見つからなかったのです。つまり、**天才は遺伝子で決まっている訳ではなく、それ以外の要因で決まっている**ということが明らかになりました。もちろん遺伝もある程度は能力に関わってくることが予想されますが、最新の研究から、子供の**創造力やコミュニケーション力など大人になって成功するために大切なスキルは、生まれた後に大きく伸ばすことができる**ことが分かってきたのです。

## この本の特徴について

本書では子供の能力を伸ばす方法だけでなく、脳科学の知見を取り入れることで、読むだけで子育ての力が高まるように工夫しています。その中でも最も特徴的なことが、全編をQ&A形式にしていることにあります。実は脳には『**質問されて答えると記憶に残りやすい**』という性質があるのですが、Q&A形式の文章を読むだけでも同様の効果があることが分かっているのです。世の中には素晴らしい本がたくさんありますが、読み終わった後に内容を思い出すことができないという悩みを相談されることがよくありました。そこで、子供のために役立つ知識を少しでも多く心に留めていただければという想いを込めて、今回はQ&Aという形で構成しました。

実際に読まれるときは、全てを読む必要はなく、目次だけ読んだり、気になった内容に目を通したりするだけでも大丈夫です。気になるということは、脳がその情報を今一番求めている可能性があります。日によって気になる内容は変わるかもしれませんが、その都度ページをめくって何が書いてあるかを確認してみてください。これまでに講演会などで受けた質問についても掲載しています。占い感覚でパッと開けたところを、1項目だけ読んでみるというのもお勧めです。

これから大きく変化していくこの世の中において、従来の仕事はAIやロボットに代替されていく可能性があります。世界は今まさにイギリスで起きた産業革命、そしてインターネット革命以来の産業構造の大きな変革が起きようとしています。そんな中、素晴らしい未来を切り開いていくためにはどうすればよいのか？　大人になってから必須の力として世界的に注目されている**「創造力」や「コミュニケーション力」、「セルフコントロール力」などの非認知スキルを磨く**ために、最先端の研究から分かってきた驚くべき事実を紹介したいと思います。

これまで講演会や研究を通してお伝えしてきた内容を、こうして世の中の多くの親御さまや教育関係者にお伝えできることに、大きな喜びを感じています。私も今2歳の子供がいるのですが、本書が、より多くの子供達が素晴らしい人生の扉を開くきっかけになることを心から願っています。

# Contents 目次

Contents

Contents

## Chapter 08 子供の心の鍛え方

Contents

## Chapter 09 夫婦間の悩み

# 序章

# 妊娠期〜幼少期の悩み

Question No. 01

# 妊娠中に食べると良いものは何ですか？

answer

## 魚を食べると子供の頭がよくなる可能性があります

私が脳と心の専門家ということで、よく「頭がよくなる食べ物は何ですか？」とか「妊娠中に食べたほうがよいものは何ですか？」ということを質問されます。しかし結論から言うと、科学的にどれをたくさん食べたほうがよいという理論は今のところ存在しません。

何故なら、全ての食材には、それぞれ体に大切な栄養素が多数含まれているからです。バランスよく食べることが大切ということに集約されるかもしれません。

ただ、妊娠時の食事については最近、興味深い研究が発表されましたので、紹介したいと思います。それは**『妊娠中に魚を食べるお母さんから生まれた子供は、頭がよくなる』**というイギリスの研究です（*1）。イギリスのブリストル在住の妊婦1万1875人をリサーチしたところ、魚を週3回以上食べていた女性の子供は、7歳の時点で社会的な行動が活発で、8歳のときには言語能力が高い傾向があることが分かりました。スペインの環境疫学研究センターCREALの研究では、妊婦が魚を食べると子供の認知機能が高まり、発達障害が起こりにくいということも発表されています。

一般的に魚は水銀を含むため、これまで妊婦の摂取はある程度制限されてきました。しかし、最近になって少しずつ魚の摂取の効果と安全性が実証されてきています。そのため、2014年には米国食品医薬品局（FDA）でも、妊婦や子供に対して水銀の含有量が少ないタラなどの魚介類を、1週間に227～340gの範囲で摂取するようにという勧告を出しているようです。ちなみに、**魚の脂に含まれる「オメガ3脂肪酸」は神経の発達を促進する効果が科学的に認められており、知性をアップさせる**ということが世界的に注目されています。ただし魚の摂りすぎもよくないので、十分に注意する必要があります。

参考までに、妊娠中に母親がよく食べていた食べ物は、生まれた子供も好きになりやすいことが分かっています。子宮の中にいる胎児は、毎日1カップほどの羊水を飲んでいます。実は最近になって、お母さんが食べた物が、そのまま羊水の味に影響して、子供も同じ味を体験している可能性が示唆されているのです。例えば、妊娠中の女性に1日約300mlのニンジンジュースを3週間飲んでもらうと、生まれてきた子供は大きくなってニンジン風味のシリアルを美味しそうに食べるようになるそうです。妊娠中に特定の食べ物を食べたくなる時期がありますが、そのとき摂取した食べ物を子供も好きになるという現象が、今科学的に証明されつつあるのです（私の母の話ですが、納豆をよく食べていた時期に生まれた妹は納豆好きになり、スイカをよく食べていた時期に生まれた妹はスイカが好きになったそうです）。子供が子宮内で味を学ぶことができるというのは、まさに生命の神秘かもしれません。お母さんと子供はつながっています。妊娠中は二人のためにも栄養管理をより大切にしてください。

Question No. 02

# 産後のことを考えて、妊娠中からダイエットしたほうがいいですか？

answer

## 妊娠中にダイエットすると、子供が肥満になるリスクが高まります

最近、芸能人やモデルなどの影響もあるのか、妊娠中からダイエットをする女性が増えているようです。クリニックによっては体重制限が厳しいところもあるそうです。しかし、**妊娠中に過度なダイエットをすると、生まれた子供は肥満になったり、メタボになったり**

## 飢餓状態は遺伝子を変化させる

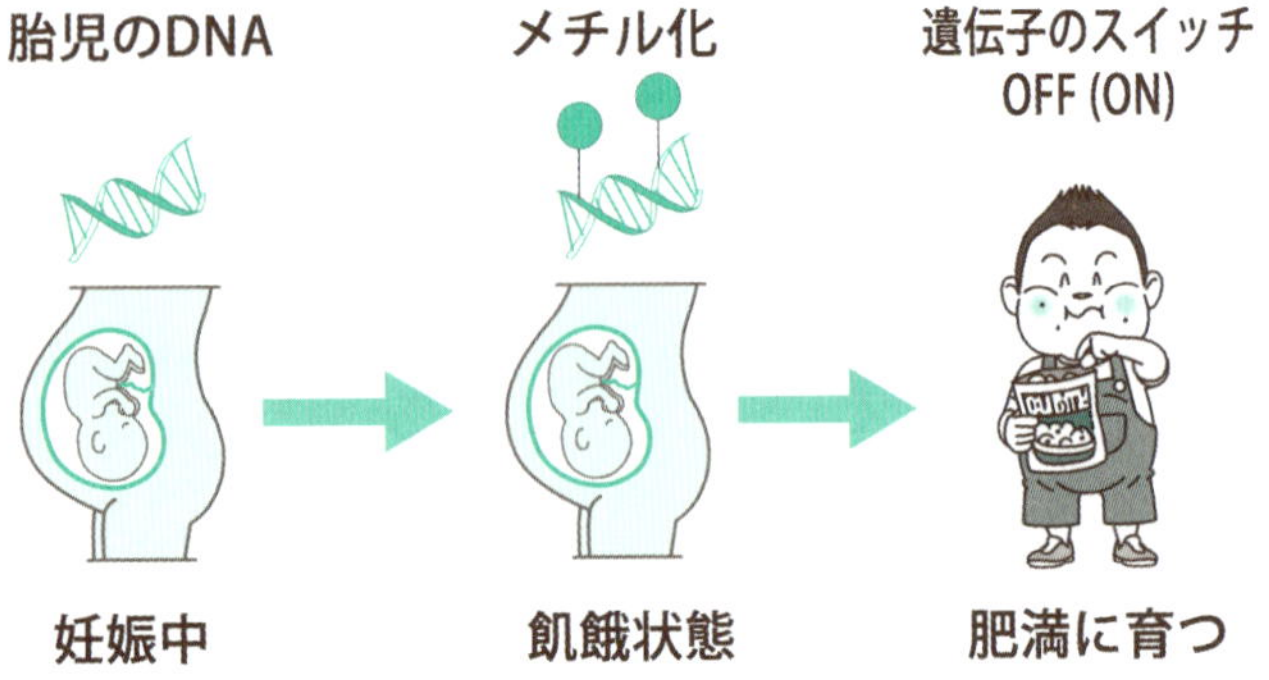


妊娠中に飢餓状態になると子供のDNAが変化（メチル化）して、子供は生涯、肥満になりやすい体質になることが分かっています。

**するリスクが高まることが数々の研究から分かっています**（*2）。

一番有名なのは、第二次世界大戦のときに生まれたオランダの子供達の研究です。戦争で母親が食事を摂れず飢餓状態のときに生まれた子供が、どのように成長していくのかをリサーチしました。その結果、栄養不足の母体で生まれた子供は、大人になって肥満になる人が多いことが分かったのです。お腹の中の胎児は発達のために多くの栄養を必要とするため、カロリー不足だと細胞は危険信号を発して、生まれてからも栄養（脂肪）を体に溜め込むようになります。その結果、子供は肥満になりやすくなってしまうのです。しかも、最近の研究では『妊娠中に飢餓状態になると、子供の遺伝子が変化する』という衝撃的な事実まで発表されています（*3）。

私達の遺伝子は死ぬまでずっと同じではなく、どんな環境に身を置くかで遺伝子が変化することが分かっています（詳しくは第1章『父も母も平凡な人間です。優秀に育つでしょうか？』のエピジェネティクス／生まれた後の遺伝学を参照）。妊娠初期に飢餓を体験した子供では、母親の体内にいるときに遺伝子の変化が起こり、生涯太りやすくなってしまうことが分かりました。この変化によって、**統合失調症や糖尿病のリスクまで高まることも示唆されています**。お腹の中に子供がいるときは、無理なダイエットは危険な行為です。自分のためにに体型を維持することは大切なことですが、お腹の子供にとっては人生で最も大切な時期の1つになります。お子さまのためにも栄養管理には十分注意してください。

Question No. 03

# 「抱き癖」がつかないように、子供の抱っこはほどほどにしたほうがいいですか？

answer

## 肌に触れることが遺伝子を強化します。いっぱい抱きしめてください

子供が抱っこをねだってきても、抱き癖がつかないように泣いたまま放置しておいたほうがよいと言われた時代がかつてあったようです。しかし、こうした行為は、科学的に危険な側面があることが最近の複数の研究で分かってきています。２０１７年に発表された

ブリティッシュ・コロンビア大学の研究では『赤ちゃんをたくさん抱っこするのとしないのとでは、赤ちゃんの遺伝子に大きな差が出る』という衝撃の事実が分かりました（*4）。この研究では、子供が生まれて5週目の母親に、幼児とどのくらい接触したかを日記につけてもらいました。そして、4歳半になったときに、子供のDNAを分析してみたのです。その結果、**親との接触が多かった子供ほど「体の免疫と代謝に関する遺伝子」に明らかな変化が見られ、良好な発達をする**ことが分かったのです（詳しくは第1章『父も母も平凡な人間です。優秀に育つでしょうか？』のエピジェネティクス／生まれた後の遺伝学を参照）。これはヒトにおいて『肌に触れると子供の遺伝子が変わる』という初めての発見で、科学者の間では大きな話題となりました。

また、マウスの研究では、幼いときに毛繕いをされて接触が多かった子供マウスは、ストレス反応に重要な遺伝子に変化が起きて、一生ストレス反応をうまく抑えることができることまで分かっています（*5）。幼少期に肌に触れられる機会が多い子供は、大人になっても自信があることが多い傾向にあることが示唆されてきましたが（専門用語で『アタッチメント』と言います）、これはまさに『肌に触れることが遺伝子を強化する』という素晴らしい発見になります。抱っこは親と子供の肌が触れ合う素晴らしい機会になりますから、是非たっぷりの愛情で子供を抱きしめてください。

参考までに「抱っこ」については、『抱きしめるタイミング』を考えさせられる興味深い研究も報告されています。サルの中には親がずっと抱っこして離れない子ザルがいるそうです。そのように甘やかされた子ザルをストレスがかかる出来事に遭遇《そうぐう》させると「ストレスにうまく対処できない」傾向があることが分かりました。一方で、1週間に1時間だけ親から離された子ザルは、ストレスにうまく対処できることが分かったのです（*6）。しかも、短い時間だけ親から引き離された子ザルほど、前頭前野の機能が高まっていることまで分かりました。またマウスの実験でも、親から15分だけ引き離された子供は、よりストレスに強くなるということも示されています。

これは、抱っこをねだられてすぐ抱きしめるよりも、**少しだけ（例えば、数秒でも）子供に我慢させて抱きしめるほうが、子供はよりストレスに強くなる**可能性があることを示唆しています。ちなみに、先ほどのマウスの実験では、引き離す時間が長すぎると（例えば、3時間）、子供は不安を感じやすく、ストレスに対処しにくくなることも分かっています。つまり、厳しすぎても子供はダメになるということです。

私達は子供に対して優しくするべきか、厳しくするべきか悩むことがあります。しかし、現在までの結論としては『優しさと厳しさを両方合わせ持つ』ことが子供の健全な発達に大切と言えるかもしれません。子供を抱き上げるまでに常に時間を空ける必要はありませんが、ときにはすぐ抱っこしたり、ときには少しだけ（数秒でも）待ってから抱っこしてみてください。子供はそういった愛情と、少しの試練を通して、力強く育っていきます。

　最近、欧米式に幼児を一人で寝かせる親も増えているようですが、日本は海外と違って大人になってからのハグの習慣もなく、人との接触が少ない文化とも言われています。そのため、欧米と同じように一人で寝かせることは生涯の接触頻度が少なくなり、リスクを伴う可能性があります。肌に触れられるのは、幼少期のうちだけかもしれません。是非、子供とのかけがえのない時間を大切にしてください。

Question No. 04

# 子供はどんなポジションで寝かせるのがいいですか？

answer

## 父親、母親、子供の順番で寝かせると情緒が安定した子に育ちます

幼稚園の講演会のときに、ある保護者の方からこんな質問を受けました。「うちは5歳の息子がいるのですが、人に手を出したり迷惑をかけてしまうんです。父親が注意してもなかなか改善されません。どうすればいいでしょうか？」。私はこの話を聞いたとき、こ

れが原因ではないかという「あること」が頭にふと思い浮かびました。いろいろと話を伺う中で、話を聞けば聞くほど、ある確信が生まれてきたのです。

そのとき思い浮かんだのは『どの場所で寝るかで子供の性格が変わる』という研究報告だったのです(*7)。教育学博士の篠田有子氏は実際に日本の家庭に入って、子供が寝るときの位置と子供の性格との関係を5000件以上リサーチしました。その結果、**父親、母親、子供の順番（母親中央型）で寝ている子供は、バランスがとれた情緒的に安定した子供に育つのですが、父親、子供、母親の順番（子供中央型）の場合は、自己中心的な子供になりやすい傾向がある**ことが報告されていました。

そこで、私はお母さまに「お子さまとはどのように寝ていらっしゃいますか？」と伺ってみました。すると見事に「子供が真ん中（中央）に寝ています」と答えられたのです。子供が中央（両親がサイド）のポジションで寝ると、子供中心の構造となるため、過保護ぎみで父性的なしつけが作用しにくく、ワガママな性格になりやすくなる傾向があります。そこで、私は「まずはお母さまが真ん中で寝るようにしてみてください。それで少し様子を見てみましょう」とアドバイスしました。

それから約1年後、私もすっかりそのことを忘れていたのですが、たまたまある講演会でそのお母さまと再会する機会がありました。会場に入った瞬間、そのお母さまが「西先生！」と飛んできて「前回いただいたアドバイスは効果てきめんでした！　寝る順番を変

## どの場所で寝るか？

母親中央型

子供中央型

えただけなのに、数ヶ月したらいつの間にか息子が父親の言うことを聞いてくれるようになったんです！」と感謝のお言葉をいただきました。こんな簡単なことで子供の性格まで変わるんだなとしみじみと感動した瞬間でした。

私も現在、子供がいますが、自宅で寝るときに順番を変えると、翌日の子供の行動が変わるように感じるときがあります。きちんと証明はされてはいませんが、このようなほんの小さなことが子供を大きく変えることがあるというのは、もしかしたら遺伝子が変化しているからかもしれません。

Question No. 05

# 思いやりのある子になるように、小さいときからしつけたほうがいいですか？

answer

## 4歳までの子供は相手の立場に立てないので無理に押しつけないでください

「思いやりのある子になってほしい」。これは全ての親の願いですが、実は研究から、子供は4歳までは相手の気持ちを正確に理解できず、無理にしつけても効率的でないことが分かっています（ただし、5歳以降は人の気持ちが理解できるようになるため、しつけが

## 子供は相手の立場を理解できない

母さんから見ると矢印はどっち？と聞くと、子供は「右」と答えます。
５歳ぐらいになって脳が成長していくと、「左」と答えるようになります。

有効に働きます）。これが一番分かるのは、上図のようなときです。母親が矢印を持っていて、子供に「お母さんから見ると矢印はどっち？」と聞いてみます。すると、４歳以下の場合、ほとんどの子供は「右！」と答えます。お母さんから見たら左ですが、子供は、相手が見ている世界と自分が見ている世界が区別できないのです（*8）。

それも影響してか、幼い子供は「さ」と「ち」の文字の区別ができません。対称的な文字の認識、つまり2つの関係性を理解しづらいからかもしれません。そういった意味で、**4歳までの子供は一般的に相手の立場に立てないため、ときとして人に迷惑をかけてしまうことがあります。**いくら怒鳴ったとしても、子供には本当の意味でその状況を理解することができないことがあります。相手の立場が分かるようになるまでは激しく怒るようなことはせず、その都度ダメだよと注意してあげることが大事になってきます（詳しくは第3章の『悪いことをしたら罰を与えるべきでしょうか？』、『上手な叱り方を教えてください』を参照）。

余談ですが、4歳までの子供はある意味、視覚でものを判断しにくいことが分かっています（*9）。オハイオ州立大学の研究チームは、大学生と4歳の子供を集めて、視覚、聴覚刺激のどちらに反応しやすいかを調べてみました。その結果、大学生は視覚的な刺激に対して100％反応するのですが、4歳の子供は、視覚に反応するのが15・4％に対して、聴覚に反応するのが53・8％、両方に反応するのが23・1％という結果になったのです。

このことから、幼少期は言葉を吸収するために聴覚が優位になっていることが予想されます。子供は目で見るだけで状況を把握できないこともあります。たくさんの言葉を通して子供に大切なことを教えてあげてください。

Question No. 06

# 家事が忙しいとき、子供にはテレビを見せておけばいいですか？

answer

## 赤ちゃんはテレビを見る時間が長いほど言語の発達が遅れる可能性があります

私も現在、2歳の息子がいるのですが、家事が忙しいとき、子供がいると戦争のように大変です。そんなときテレビを見せておくと、夢中になってテレビの前で座っていてくれるので助かることもきっとあるかと思います。しかし、研究から幼い子供がテレビを見ることでマイナスの側面もあることが分かってきています。注意が必要かもしれません。

米国の研究では、**7〜18ヶ月の赤ちゃんは『テレビを見る時間が長いほど言語の発達が遅れる』**という驚きの事実が分かってきました。「セサミストリート」という有名なテレビ番組も3〜5歳については教育効果があるそうですが、赤ちゃんの場合は言語の発達が遅れることが報告されています。ちなみに、フランスでは最近、赤ちゃん向けのテレビ番組が禁止されたそうです。米国小児科学会（AAP）は「2歳までのテレビ視聴は奨励しない」と勧告しています。

実は恥ずかしながら、私はこの事実を最近まで正確に把握しておらず、息子にテレビを1日10分から30分、長いときで1時間ほど見せていた期間がありました。もちろん、子供向けの音楽や教育系の番組で、よかれと思って見せていました。そのときは特に何か影響があるという気配もなかったのですが、1歳9ヶ月からテレビを完全になくしてみたところ、明らかに息子の行動に変化が表れたのです。一番顕著だったのは、遊び方が変わったことでした。もちろんこれまでも遊んでいたのですが、今まで興味を示さなかったものに好奇心を持ったり、塗り絵などで絵を描いて遊ぶようになったり、好奇心の対象がより外側に向くようになり、明らかに遊びのレパートリーが増えたのです。また、言葉の数も増えることで子供の成長が加速しているような気がしました。テレビを見ているとどうしても親とのコミュニケーションが減ってしまい、脳への刺激も少なくなってしまいます。完全になくすことは難しいかもしれませんが、2歳までは長時間テレビを見せることはあまりお勧めしません。適度に関わる工夫をしてみてください。

### 参考情報

近年、外食やショッピング中に携帯ゲームをしたり、スマートフォンで映像を見せたりしている親が増えているようです（最近ではスマホ育児とも言われているようです）。大人にとっては子供が騒がず周りにも迷惑がかからないためよい点もあるのですが、子供にゲームやスマートフォンを長時間与えてしまうと、コミュニケーション力などの社交スキルや相手の表情を読み取る力が低下するという報告もあります（詳しくは第5章『ゲームをしたがるのですが、やらせてもいいでしょうか？』を参照）。短い時間であれば悪影響はないようですが、もしゲームをやるときは例えば10分だけなど時間を決めてやらせるようにしてみてください。先日、レストランに食事に行ったところ、隣に座っていた家族から全く会話が聞こえてきませんでした。不思議に思ってその家族を見てみると、父親、母親、息子二人の全員が、それぞれスマートフォンに夢中になっていたのです。食事の時間は、ほとんど会話がなかったように思います。大人が行うことは子供にも影響を与えます。せめて子供の前ではスマートフォンなどは利用しないほうがよいかもしれません。

Question No. 07

## 甘いものが好きですが、我慢させたほうがいいですか？

answer

### 大量摂取は問題ですが、脳の発達に糖分は必要です

結論から言うと、**間食に甘いものを食べすぎると、昼食や夕食を食べなくなって栄養が偏ります**。間食に甘いものを大量に摂ることはあまりお勧めしません。しかし、そうは言っても子供の脳の活動は活発で大人よりもカロリーを消費します（大人の脳は体全体の25％

のカロリーを消費しますが、子供は約2倍の50％を消費するそうです）。ですから、とにかく子供はお腹が空くことが多々あります。そんなとき、間食として出すお菓子を無理やり我慢させると子供の血糖値が下がるため、前頭前野（意思）の力が低下してマイナス感情を制御できなくなる傾向があります（*10）。

その結果、小さなことでキレやすくなったりすることがあるのです。逆に甘いものが好きな子供は、脳が栄養で満たされているため、前頭前野が健全に働き、非行などの問題行動に走りにくくなる傾向があります。実際に米国の研究では『**非行で検挙された子供の90％は低血糖である**』という衝撃の事実も分かってきています。

近年、保育園や幼稚園でも子供の問題行動が取り上げられることがありますが、もしかしたら栄養状態に問題がある可能性もあります。今日本では貧富の格差によって、給食費を払えない子供が増えていると聞きます。栄養状態は子供の脳の発達にとって重要なため、もし問題を起こすような子供がいる場合は、一度疑ってみたほうがよいかもしれません。子供に十分な栄養を与えることは脳の健全な発達において大切なことです。バランスのよい食事は、親からの一番の愛情なのかもしれません。

# Chapter 01

# 子供の将来についての悩み

Question No. 01

# 父も母も平凡な人間です。優秀に育つでしょうか？

answer

## 『生まれ』だけでなく『育ち』が私達の能力に大きな影響を与えます

一般的に父親と母親が平凡だと、子供はなかなか優秀に育ちにくいというイメージがあるかもしれません。しかし、ドイツの心理学者ラインエールが３６００人の子供とその両親を対象に調査を行ったところ、なんと**両親がともに平凡であったとしても、確率的に頭**

**のよい子が生まれる**ことが分かってきました。しかも、両親の知能がお互いに低かったとしても、頭のよい子が生まれることも分かってきたのです（*1）。

普通に考えると、何故こんなことが起きるのか不思議に思われるかもしれませんが、実は今その理由として注目されている1つが『エピジェネティクス（生まれた後の遺伝学）』です。序章でもお伝えしたように、これまでは、私達の遺伝子は生まれてから一生変わらないというのが常識でしたが、最新の研究によって私達は子供の頃にどんな体験をするかによって、DNAの特定部分に変化（メチル化orアセチル化）が起こり、遺伝子の機能が変化することが分かってきました。

これは、昆虫でも確認されている現象です。米国イリノイ大学の研究では、凶暴な性格で有名なアフリカナイズドミツバチ（キラー・ビー）の子供を穏やかなイタリアミツバチに育てさせるという実験を行いました（*2）。子供の頃は姿形の区別がつかないため、イタリアミツバチはキラー・ビーをまるで我が子のように育てるそうです。その結果どうなったかというと、あれだけ凶暴だったキラー・ビーが、なんと「穏やかな性格」になってしまったのです。逆にイタリアミツバチの子供をキラー・ビーに育てさせたところ、今度はあの穏やかだったイタリアミツバチが凶暴になってしまうことが分かりました。

ミツバチが何故凶暴になるかというと、親のミツバチが出す警戒フェロモンが原因と言われています。実際に遺伝子解析を行ったところ、小さい頃から警戒フェロモンに被曝《ひばく》して育った子供は遺伝子の5～10％が反応して、より凶暴になってしまうことが分かりました。つまり、警戒フェロモンという環境的な要因によって、遺伝子のスイッチングが起きたということが示唆されます。

このことは子供の能力が『生まれ』と『育ち』、どちらで決まるのか？　という議論に大きな一石を投じる研究で、科学者の間でもたくさんの議論がされているところです。

ただ、現在、数々の研究が後天的に遺伝子の機能が変化することを示唆していますし、私自身も現場でたくさんの人達を見てきて、人はどんな人と一緒にいるかによって能力が変わることをよく感じました。一番それがよく分かるのがスポーツの分野かもしれません。よくある話ですが、選手を担当するコーチが変わると「本当に同じ選手か？」と思うほどアスリートの能力が変わることがよくあります。まさに『生まれ』だけではなく『育ち（環境）』の相乗効果によって、私達の才能が伸びていくことを示唆しています。

最近では女子テニス界で一躍時の人となった大坂なおみ氏が大変興味深いケースでした。彼女は2018年全米オープンで日本人初優勝を成し遂げ、最近になって飛躍的にその能力を伸ばしていますが、その裏には「コーチが変わったことが1つの大きな転機になった」と言われています。彼女は短気な性格だったようですが、2017年に新しくコーチに就任したサーシャ・バインは、とにかく彼女に『待つことの大切さ』を愛情を持って伝えたと言います。それから彼女の才能がメキメキと開花して、世界ランキングで日本人最高の1位という偉業まで達成してしまいました。

もちろん遺伝的な要素もある程度影響することがあります。しかし、それと同じくらいどんな環境に身を置くか？ どんなことを教えてくれる親と一緒にいるかで、子供の才能が開花していく可能性があります。一卵性双生児の研究でも、双子の性格や行動パターンが同じにならないことが報告されていますが、まさに**『生まれ』だけでなく『育ち』が私達の能力に大きな影響を与える**よい証拠の1つかもしれません。私達大人の存在が子供に与える影響は予想以上に大きいのです。

### 参考情報

**ク**ローン動物は遺伝子が全く同じでも、外見や性格まで異なることが分かっています。例えば、2001年に作成されたネコのレインボーとクローンのCc（カーボンコピーにちなんだ略称）は、見た目が全く異なり世間を驚かせました（レインボーは茶、黒、白のぽっちゃりした三毛猫でしたが、Ccは白とグレーのスレンダーな体型でした）。またレインボーは静かで落ち着いていたのですが、Ccは好奇心旺盛で遊び好きな性格だったのです。遺伝子が同じでも性格が変わることがあるというよい例になるかもしれません。

Question No. 02

# 集団の中で目立たない子供ですが、大丈夫でしょうか？

answer

## 目立たなかった子供が大人になって活躍することはよくあります

小さい頃に子供がこれといって際立ったところがないと不安に思うことがあるかもしれません。親としては当たり前のことかと思います。際立ったところがある子供は、大人になっても更に活躍するイメージがありますよね。しかし、**際立った子供がそのまま成功す**

**るのはごく一部で、幼いときは目立たなかった子供が意外と大人になって活躍している**ことが、世界的な研究から分かってきています。

著名な教育心理学者であるベンジャミン・ブルームは、ピアニスト、彫刻家、オリンピック選手、テニスプレーヤー、数学者など世界的にも有名な卓越した成果を挙げている120名の幼少期をリサーチしました。その結果、そのほとんどが幼少期は凡庸《ぼんよう》で、特に際立った才能は見られないということが分かったのです（*3）。

例えば、相対性理論を提唱した世紀の天才アインシュタインは、幼少期はほとんど口をきくことがなく、目立たない子供だったことで有名です（学習障害と言われていた時期もあったようです）。ワクチンの開発で予防接種を世界で初めて広めた細菌学者のパスツールは、フランスの田舎で生まれ育ち、幼少期の成績はいたって普通、勉強も平均かそれより下だったそうです。得意だったのも絵画くらいで、どこにでもいそうな子供だったのです。しかし、彼は環境が充実したパリの大学に進学したことで、その才能が開花したと言われています。また、バスケット界の神様と言われたマイケル・ジョーダンは10歳までそれほど目立った才能は現れず、高校ではバスケットチームにも入れずに選抜からも落とされたそうです。しかし、彼は成人になって環境が変わると、その卓越した素晴らしい才能を発揮しています。

私達は遺伝子だけでなく、環境によっても多大な影響を受けることが分かっています（詳しくは前項『父も母も平凡な人間です。優秀に育つでしょうか？』、第7章『子供に影響を与えるのは、遺伝でしょうか、環境でしょうか？』を参照）。私達は人生の中で、どんな人に出会うか、どんな体験をするか、どんな環境に身を置くかによって、遺伝子が変わり、才能が突然開花することがあります。世界的偉人と呼ばれる、ダーウィン、バッハ、コペルニクス、ニュートン、カント、レオナルド・ダ・ヴィンチ、レンブラントなども、小さい頃は目立たず凡庸だったことが知られています。多くは大人になっていく過程でその素晴らしい才能を発揮するようになりました。子供はちょっとしたことで才能が開花する可能性があるのです。

**参考情報**

**頭**がよい人は脳が大きい（重い）と思われがちですが、意外と関係ないことも分かっています。例えば、成人男性の脳の重さの平均は１３００〜１５００ｇですが、世界的な偉人はそれほど脳が重くないことが分かっています。「我輩は猫である」で有名な文豪の夏目漱石の脳は１４２５ｇ（東大に保存されています）。相対性理論を発見した天才と言われるアインシュタインの脳は１２３０ｇしかないことが分かっています。頭のよさには大きさよりも神経の密度が大切で、密度は『その人の体験の数』によって決まるようです。私達はどんな体験をするかで、大人になってより素晴らしい成果を挙げることができるようになります。

Question No. 03

# いわゆる知能指数の高い子に育てないと社会で成功できないでしょうか？

answer

## IQが高くても社会で成功できる訳ではありません

これまで知能指数（IQ）が高いことが、大人になってうまくいくために大切なこととされてきました。しかし意外なことに、**IQの高い子供は大人になるとその多くが普通の人生を送っている**ことが分かってきています。これは、スタンフォード大学の研究ですが、

ＩＱ１３５以上の天才児１５２８名を60年にわたって調査した結果、ほとんどは実社会でそれほどの成功を収めていないことが分かりました。研究を担当したルイス・ターマン博士は、天才達を長年に渡ってサポートしてきたそうですが、大多数が「普通」と呼ばれる職業につき、期待はずれの仕事をしていたそうです。しかもサポートしなかったＩＱの高くない二人が、なんとノーベル賞を取ってしまったそうです（*4）。

世界的にも面白い傾向があって、例えば、ＩＱが世界で高い国や地域は、1位が香港で、2位が韓国、3位が日本、イギリスは12位、米国は19位なのですが、実はノーベル賞受賞の数が圧倒的に多いのは米国とイギリスで、日本は6位となっています（人口を加味したとしても、不思議と香港や韓国は上位にはランキングしません）。またイギリスの教育誌「タイムズ・ハイヤー・エデュケーション」が２０００年以降のノーベル賞受賞者（平和賞と文学賞を除く）を集計した格付け評価によると、1位が米国、2位がイギリス、3位が日本となっているようです。ＩＱは頭のよさを表す指標として認識されてきましたが、もしそれが本当であれば、単純に学術界の最高峰とも言えるノーベル賞を受賞する確率も上がるはずです。ところが、ＩＱが高いことは必ずしも世界を変えるような発見にはつながらないことが示唆されているのです。

実際にＩＱの世界ランキング2位を誇る韓国では、１９８３年から国家を挙げて英才教育を行っており、小さい頃から徹底的に天才を育てるプログラムを推進しているそうです

（2000年には英才教育を推進する法律までできたそうです）(*5)。しかし、実際に現在までに科学分野でのノーベル賞を受賞する人は一人も輩出できてない実情があります。最近話題となったのが、小さい頃からIQ187という驚異的な知能指数を誇り「韓国で最高の天才少年」と言われたソン・ユグン氏です。彼は物理学の天才的な才能が認められ、なんと8歳で大学に入学し、将来のノーベル賞は間違いなしと期待されていました。しかし、その後は博士号すら取得することができず、21歳で学校を離れることになったのです。彼のインタビューを読んだことがあるのですが、あまりにも優秀すぎる人達は、周りに期待されることで大きなプレッシャーも同時に感じているようです。もしかすると、心理的に本来の能力を発揮しづらい影響もあるのかもしれません（詳しくは第8章『子供の心の鍛え方』でも触れます）。

ハーバード大学の認知教育学の権威でもあるハワード・ガードナー教授は「私達には8つの才能がある」という多重知能理論（MI理論）を提唱しています(*6)。その中で**IQというのは8つの才能の中でも3つ（言語的知能、論理的知能、視覚空間的知能）に過ぎない**としています。私達は複数の才能を持った存在であり、それ以外にも音楽の才能から、身体能力の才能（スポーツから手先の器用さも含む）、コミュニケーションの才能、心の才能、分類の才能まで幅広い才能を持っていることが分かっています（詳しくは、次項『得意なことに集中させるべきですか？　好きなことに集中させるべきですか？』でも紹介しています）。

私もこれまでいろいろな人達の才能を分析してきましたが、どんな人にも必ず美しく光る才能が隠されていて、その人だけに与えられた尊い役割があります。そのことに気づいたとき、これまでになく自由と可能性に満ちた素晴らしい世界が開けていきます。

Question No. 04

# 得意なことに集中させるべきですか？好きなことに集中させるべきですか？

answer

## 才能は得意なことの中ではなく、好きなことの中に隠れています

昔から得意なことと好きなこと、どちらに集中させたほうがよいのかという議論がありました。私がこれまで10年ほど、ビジネスからスポーツまでうまくいく人達、いわゆる一流と呼ばれ、成果も出して幸福度まで高い人達の話を聞いて言えることは、そのほとんど

が『**好きなことを追求することで成功している人が多い**』ということです。

例えば、今世界的に注目されている「もんげーバナナ」（皮まで食べられるバナナ）を開発した田中節三氏もその一人です。田中氏は40年かけて寒冷地にも強い果物を研究して、世界の食料不足を解消するという画期的な活動を行っています。彼があるテレビ番組のインタビューで成功の秘訣は何ですか？　と聞かれたところ、「好きなことをやり続けることです。そうすると毎日少しの変化かもしれないが、どんどん大きな望みに近づいていくんです」と答えていました。周りから見ると大変な努力をしているように見えますが、彼にとって仕事は遊びの延長線上にあるため、大変な思いをしている感覚はないようです。

**好きなことをしているとき、脳内で意欲のホルモンであるドーパミンやリラックスのホルモンであるセロトニンなど数多くの脳内ホルモンが分泌され、脳が高度に活性化する**ことが分かっています。実際に、メンフィス大学のマイク・ピーズリー氏は『自分が楽しめる目標を設定する人ほど、実現可能性が31％高まり、普段のパフォーマンスにいたっては、約46％まで向上する』と報告しています（*7）。

また、時価総額50兆円とも言われるフェイスブック社を20代にして作り上げたマーク・ザッカーバーグ氏は、幼少期から、大好きなコンピューターに囲まれて育ったそうです。彼は、ずっと大好きなことをやり続けた結果、12歳でザックネットというメッセンジャーを開発し、そして大学在学中にフェイスブックを立ち上げ、世界に大きな影響を与えるソーシャルネットワークを作り上げました。

マークの小さい頃のこんなエピソードも知られています。彼が自宅に帰ったとき父親に「バスケットボールを買ってほしい」と頼んだことがあったそうです。父親が「何故、それをやりたいんだ?」と聞き返してきたため、マークは「みんなやってるんだ、だから買ってほしい」と答えたそうです。しかし、父親は「みんながやっているからだと? それならダメだ!」と伝え、キッパリと断ったそうです。マークの父親は、周りに影響されてやることではなく『本当に自分がやりたいこと、好きなことを追求することが大切』だということを伝えたかったのかもしれません。だから、好きなこと以外は意味のないことだと切り捨てたのです。

このエピソードには続きがあります。マークがフェンシングの試合を見ていたときのことです。父親に「フェンシングをやってみたい」と切り出したそうですが、そのときマークは「みんながやっているからやりたいんじゃない。自分はもっと強くなりたいからフェンシングをやりたいんだ!」と伝えたそうです。すると、父親は「そうか」と言ってその場からいなくなったそうですが、翌日マークの部屋にはフェンシングの道具一式がドンとプレゼントされていたそうです。『子供が心からやりたいこと、本当に好きなことであれば、惜しげもなく投資する』というシンプルな考え方ですが、フェンシングだけでなくコンピューターやあらゆる興味のあることを子供が実践できる環境にすることで、才能が見事に開花した素晴らしい例の1つかと思います。
そういった意味で、子供が何に興味があるのか？　どんなことをしているときに夢中になるのかは、子供の才能を見つける上で重要な情報になります。私も保護者の方や企業の方に伝えていることですが、一流は好きなことの中に隠されています。前述の通り、ハーバード大学の理論で、私達の中に眠っている8つの才能というものがありますが（前項『いわゆる知能指数の高い子に育てないと社会で成功できないでしょうか？』を参照）、私はそれを応用して大きく10種類の才能に分類しています。子供がどんなことが好きかを知ることで、どんな才能があるかヒントになることがあるのです。

**【自分の中の一流を見つける～私達の中に存在する10種類の才能～】**

1. 言葉が好き　→　言語の才能
2. 数字が好き　→　数学的な才能
3. 質問が好き　→　論理的な才能
4. 絵を描くのが好き　→　視覚・空間的な才能
5. 音楽が好き　→　音楽的な才能
6. 体を動かすのが好き　→　身体的な才能

7. 手先を使うのが好き　↓　職人気質の才能
8. 人が好き　↓　対人的な才能（コミュニケーションの才能）
9. 一人が好き　↓　内面的な才能
10. バリエーションが好き　↓　博物学的な才能

内面的な才能については、第2章『友達が少ないようで心配です』で詳しく扱いたいと思います。博物学的な才能については、第5章『ポケモンに夢中です。大丈夫でしょうか？』をご参照ください。詳しい才能を知りたい方は弊社（T&Rセルフイメージデザイン）のHPをご参照ください。

参考情報

私も恥ずかしながら以前は自分の才能が何なのか分からない時代がありました。当時化学や物理が得意だったため、将来は科学者になろうと思い理系の大学に進学しました。しかし、人生とは面白いもので、現在の仕事を始めてから、私は人を笑顔にするにはどうすればよいかを考えたり（対人的な才能）、想像したことを現実にするのはどうすればよいのか考えてみたりすること（内面的な才能／心のしくみを理解する才能）が好きなことに気づいたのです。もちろん、はじめはお世辞にも得意なものとは言えませんでした。しかし、この2つの才能を楽しみながら実践しているうちに、確実にそれぞれの才能が開花してきたのです。今では子供から大人まで改善したいことを伺いながら、その人の能力を引き出すアドバイスをする仕事をしています。30代になるまでは、まさかそんな仕事をするなんて夢にも思いませんでした。

現代の世の中では、得意なことを仕事にするほうがよいという風潮がありますが、実は一見他の人より優れている部分があるように見えても、やっていて楽しくないことがあることが分かっています（例えば、算数はできるけど、たんたんとやるだけでワクワクしないなど）。やっていても楽しくないことをメインの仕事にしている人は脳内の活動が低下しやすく、能力も伸びにくい傾向があります。古くから『好きこそものの上手なれ』という格言がありますが、まさに脳科学的に正しい言葉と言えるかもしれません。この機会に自分の好きなものは何か、親子で楽しみながら探ってみてください。意外なところに新しい発見があるかもしれません。

Question No. 05

# 外で遊んでばかりいます。勉強させたほうがいいですか？

answer

## 才能を開花させるには、勉強だけではなく遊びも重要です

子供が遊んでばかりいると、親として不安になってしまうと思います。しかし学校の勉強ばかりしている人が、将来どうなるのかを暗示する面白いリサーチがあります。

ボストンカレッジの研究者カレン・アーノルドは、１９８０年代、90年代にイリノイ州

の高校を首席で卒業した81人のその後を長期にわたって追跡リサーチしました（*8）。その結果、首席で卒業した81人の95％が大学に進学し、学部での成績はGPA3・6（3・5以上は非常に優秀）、90％が専門性の高い仕事についたことが分かりました。しかし、社会を変革できるような大きな成功をした人は一人もいないということが判明したのです。

理由はいろいろと考えられていますが、その1つとしては、学校で優秀な成績を修める人は、先生に言われたことを忠実にこなす能力があるため、『忠実性、自己規律、従順さ』の3つの要素があまりにも高いことが原因になっているのではないかと言われています。**学業が優秀な人は先見の明をもって世の中のシステムを変革するというよりは、逆にシステムの中に収まって仕事をする人が多いという傾向がある**ようです。

ビジネスで成功した人達を見てみると、大学を出ていなくても社会的に成功している人は意外とたくさんいます。例えば、世界のホンダを創立した本田宗一郎氏が中卒だったことは有名ですし、世界的な建築家の安藤忠雄氏は元ボクサーで高卒ですが、今では表参道ヒルズから東京スカイツリーまで設計や監修をし、ハーバード大学でも教鞭《きょうべん》をとって大活躍されています。また、ユーチューバーの年収ランキングで上位の仲間入りを果たしたヒカキン氏も高卒でスーパーのアルバイトをやっていた時代があったそうです（有名な芸能人やハリウッドスターの中にも学歴がないという人が多数いらっしゃいます）。

**世の中で大きなことを成し遂げる人達は、常識に縛られない自由な発想を持った人が多**

**い傾向がある**ように思います。これまでは、与えられたことをこなすだけでも、仕事である程度の評価はされてきましたが、これからの時代は、なかなかそれだけでは豊かな人生を送ることは難しいかもしれません。

常識に縛られないクリエイティブな力は、実はそのほとんどが遊びの中から生まれることが分かっています。例えば、ライオンの子供は子供同士でよくじゃれ合う中で、狩りの動きを覚えることが分かっています。それと同じように、子供は遊んでいるとき、遊びの中から社会で役立つたくさんの発見と学習を行います。1960年代に米国のRosenzweig氏らは、ラットにおいて「遊び道具や仲間が多い環境で育った子供は脳がよく発達する」という論文を発表しました（*9）。その後多くの研究者が、**遊びによる適度な運動や刺激が遺伝子のスイッチングに作用したり、遺伝子の変化**（詳しくは序章〜第1章『父も母も平凡な人間です。優秀に育つでしょうか？』を参照）**を通して、脳内の神経細胞の数やシナプスのつながりを増加させる**ことまで示しています（*10）。

これを支持するかのように、イエール大学のジョセフ・マホーニー博士は『課外活動をする子供ほど、大人になってから学習意欲が旺盛である』という研究結果を報告しています（*11）。勉強も大切ですが、遊びを通して様々な好奇心が育まれ、才能が開花しやすくなります。勉強だけではなく、遊びも適宜取り入れて、バランスをとりましょう。

Chapter

# 02

# 子供の性格についての悩み

Question No. 01

# 飽きっぽい性格で困っています

answer

## 飽きっぽいのは頭がいい証拠。いつか夢中になれるものに出合うはずです

一般的に飽きっぽい性格というと、よくないイメージをお持ちになる方が多いかもしれません。しかし、これまで私がたくさんの人達を分析した結果、**飽きっぽい人は逆に『頭の回転が早い』傾向がある**ことが分かってきています。

以前私のオフィスに30代男性が訪ねてこられました。彼はとにかく小さい頃から飽きっぽい性格で、新しい仕事についても1年ほどで飽きてしまうとのことでした。そのため、転職を繰り返して困っているので、何とかしてほしいという相談だったのです。そこでいろいろと話を伺ったのですが、印象的だったのは「仕事をやり始めたときは楽しい」とおっしゃっていたことでした。彼は新しい職場に配属されると初めは楽しいのですが、いつの間にか飽きている自分に気づくとおっしゃるのです。またもう1つ気づいたことがありました。これまで見たことのないような美しい虹色の高級なボールペンと筆入れを彼が持っていたことでした。あまりにキレイだったので「素敵ですね～」とお伝えしたら、その方はとても喜んで「実はこのペンはもう8年も使っているんです。光の当たり方によって全く色が変わるんですよ。明るいところだと美しいグラデーションになるし、暗いところではまるで宇宙のような美しい光沢を放つから、全く飽きないんです」と楽しそうに答えてくれました。そのとき私が直感したのは「この人は常に新しい刺激を求めているのかもしれない」ということでした。脳が常に新しい刺激を必要とするため、今やっていることを中断して、他のことに興味が移行している可能性があったのです。

他のケースでもそうだったのですが、新しい仕事を与えてもすぐに飽きる人は、一般の人よりも学習スピードが速いため『学ぶことがない』＝『飽きる』という流れになりやすい傾向があります。実は世の中には飽きっぽい性格を活かして、大成功された人もいます。

その一人が、iPS細胞でノーベル医学生理学賞を受賞された京都大学の山中伸弥教授です。彼は飽きっぽい性格で有名で、次々と研究内容を変えていくため、周りからは批判も多く呆れられていたそうです。ただ研究内容を変えていくうちに、最終的に誰も手をつけていない研究分野（iPS細胞）に辿り着き、世界的な大発見につながったと言われています。以前の職場で山中教授に一度だけお会いしたことがあるのですが、楽しそうに「学生時代の飽きっぽさ」を語っていらっしゃったのを覚えています。**飽きっぽいというのも素晴らしい才能の1つ**です。お子さまにもし集中力がなかったとしても、頭がいい証拠だと思ってください。すぐに飽きるのは、子供の学習スピードが速いか、そもそも興味を持てない（才能とは関係ない）対象をやり続けている可能性があります。いろいろな遊びや体験を通して、必ず夢中になるほど好きなものに出合う瞬間が出てきます。それまで気長に見守ってあげてください。

Question No. 02

# 聞き分けのない子供で困っています

answer

## ルールを守りすぎると、逆に創造力がなくなってしまいます

昔から聞き分けのない子供は問題児扱いされることが多く、言うことを聞く子供ほどいい子だと思われてきました。ただこれに関しては面白いリサーチがあります。ドイツの心理学者ヘッツァーは、強い反抗期を示した2～5歳の「聞き分けのない100人」を青

年期まで追跡調査しました（*1）。その結果、意外なことに聞き分けのない子供の84％が、大人になってから『意志が強くしっかりとした判断力のある大人になる』ことが分かったのです。一方で親の言うことをよく聞いてくれる「聞き分けのある子供」は24％しか意志が強く判断力のある大人になれなかったことが報告されています。

聞き分けのない子供は一見するとワガママに見えることもあるかもしれません。しかし逆に『**自分の意見を持っていて、かつ、考えを主張する能力が高い**』とも言えます。このことを支持する研究結果も報告されています。

ルクセンブルク大学の研究者は2015年に、『ルールを守りすぎる子供は、大人になって卓越した成果を出しにくい』という研究を発表しました（*2）。研究グループは、1968年当時、知能テストと家庭環境調査を受けたルクセンブルクに住む小学6年生の子供達約3000人の追跡調査を行い、40年後の2008年にその子供達がどうなっているかを再調査してみました。すると、予想通り、勉強熱心と評価された生徒はその後いい仕事に就いていることが分かったのですが、もう1つ大きな特徴がありました。「規則を守りすぎる子供」より「規則を守らない子供」のほうが収入が高い仕事に就いていたことが分かったのです。私達はルールを守ることだけが正しいと思いがちですが、実は**子供の頃にルールを守りすぎてしまうと、ルールに沿った考え方しかできなくなるため、逆に創造力がなくなってしまいやすい**のです。

更にこれに関しては面白い研究があって、コーネル大学のベス・A・リビングストン博士らの研究チームは**『協調性が高すぎる男性は、収入が低い』**ということも明らかにしています（*3）。研究チームはこの10年間で働き始めた約9000人を対象にその人の性格タイプを調べるテストを実施してみました（例えば「5段階評価のうち、1が喧嘩《けんか》好きで5が協調性があるとすると、自分は何点だと思いますか？」など）。その結果、協調性のある男性は、協調性のない男性よりも年収が約7000ドル（約80万円ほど）低い傾向にあるという事実が分かったのです。ただ興味深いことに、女性については収入の差はそれほど変わらないことも分かりました（協調性のある女性のほうが、わずか1100ドル＝約12万円だけ下がるという傾向になりました）。

この研究で分かったことは、女性の協調性の高さはそこまで問題ありませんが、男性については、収入や昇進などに大きな影響が出るという可能性でした。男性は太古の昔、狩をすることで、厳しい時代を生きていました。獲物をとるためには、ときとしてルールに従うだけでなく、とっさの判断や、柔軟な発想力も必要となってきます。これはビジネスでも同じで、みんなに迷惑をかけないことは大事ですが、あまりにもルールに縛られすぎてしまうと、新しい発想や、ビジネスチャンスを逃してしまうことがあります。特に周りの人が何をしているのか気になってしまう男性は仕事がうまくいきにくいことが分かっているのです。

Question No. 03

# 友達が少ないようで心配です

answer

## 「内面的知能」が発達しているのかもしれません。大成する可能性もあります

世の中で素晴らしい成果を挙げている人達をインタビューしていて分かったことがあります。独創的な仕事で活躍しているファッションや芸術系の人達は、幼少期から精神が成熟しているため、会話が周りの子供と合わず、一人で遊んだり、絵を描いたりしている傾

向があるようです。

例えば、2000年に女性の間で爆発的に広まったヘアスタイル「名古屋巻き」を提唱した土屋雅之氏（株式会社ZoE代表取締役社長）は、現在も芸能界からモデル、名だたる一流経営者を顧客にかかえる、ゴッドハンドと呼ばれるカリスマ美容家です。彼がおっしゃっていたのは、とにかく幼少期は体が弱く、運動は苦手で、家で空想にふけったり、授業のときも外を見ながらいろいろなことを考えたりする子供だったということです。幼少期は常に孤独を感じていたともおっしゃっています（今ではそんなことは想像できないほど、魅力とエネルギーにあふれた素敵な方です）。

また、現在、日本初の女性テーラー（オーダースーツ職人）として活躍している勝友美氏（株式会社muse代表取締役）は、起業して僅か4年で年商4億円を誇るカリスマ経営者として先日もテレビで紹介されていました。彼女のお話を聞いてみると、体育の授業をずっと休んで見ていた幼少期や、周りとの違いを常に感じる小学生時代を過ごしていたようです。私も実際にスーツを作っていただいたのですが、とにかく1つ1つの技術が素晴らしく、人を想う温かい人間性とプロフェッショナルな才能に心を打たれました。

**『内面的知能』という才能があるのですが、この才能は妄想が好きだったり、自分との内なる対話を通して本当に何をやりたいのか？　を常に問いかけたりする傾向が分かっています。そんな子供は友達がなかなかできにくい傾向にあるのですが、大人になってから持**

**ち前の創造力を発揮して、ビジネスの分野で飛躍的にうまくいくことがあります**（才能の種類については、第1章『得意なことに集中させるべきですか？　好きなことに集中させるべきですか？』を参照）。

また「内面的知能」が高い人の別の傾向としては、小さいときに引っ込み思案な性格に見られることがあります。有名な例としては、作家の吉本ばななさんです。彼女は幼少期に妖精が見えるという不思議な体験をされたそうですが、それを周りに言っても理解してもらえないため、より引っ込み思案になって、自分の世界に入るようになったそうです。

**引っ込み思案な性格の子供（大人も含む）は、想像力が高く、相手が何を考えているのか予想してしまう**ため、周りの空気を壊さないようにあえて黙っていることがあります。また今後の展開を先読みして想像を膨らませるイメージの才能にも長けている傾向があります。このようなタイプの人は、物事を深いレベルで掘り下げる能力が高く、直感や発想力に優れているため、芸術や文芸の分野から、クリエイターや映像関係、職人気質の仕事、研究者などに向いている可能性があります。また人の心理を深く理解する能力も高いため、カウンセラーや看護師・医師などの仕事にも向いている傾向もあります。仮に友達が今はいなかったとしても、精神が成熟している可能性があるのです。

## 参考情報

内気な子供が米国で育つと、学歴が低くなり、ビジネスでも成功しにくい傾向が分かっています。オープンな気質が求められる米国では、引っ込み思案な性格だと、仲間から相手にされなかったり、周りから注意されたり、親から罰せられたりするため、子供が自信を持てないのが1つの理由のようです。一方で、内気な子供が、用心深さ（言葉を慎む力）を大切にする中国で育つと、内気な性格が評価されるため、ビジネスから学歴まで米国に比べると影響が出にくいことが分かっているそうです（*4）（スウェーデンも同様の傾向があるようです）。

どんな人であっても、その人の人間性そのものを受け入れてあげると、一番の自信につながっていきます。AIが普及していくこれからの時代は、みんなと同じではなく、それぞれの人間にしかできない「個性」が求められる時代になっていきます。AIは本当の意味で人の気持ちは理解できませんし、人を感動させる新しい発想をゼロから生み出すことはできません。自分しかできない能力を伸ばすことが、その人の才能を大きく伸ばすことになります。子供の特徴が何であれ、それを全て「個性」として見てあげてください。

Question No. 04

# 子供の性格を変えることはできるのでしょうか？

answer

## 環境に合わせて変化するDNAが私達には組み込まれています

「性格は生まれたときから決まっている」。こんなことを親から言われたことがあるかもしれません。しかし、最新の研究から『性格は変えることができる』という驚きの事実が分かってきました。一見すると私達の性格にはたくさんの種類があるように見えますが、人種を問わず普遍的な5つの性格（ビッグファイブ）に分類できることが世界的に認められています（頭文字をとって『ＯＣＥＡＮ』と言われています）。

1．外向性（Extraversion）
2．協調性（Agreeableness）
3．良識性（Conscientiousness）／（誠実性、勤勉性）
4．情緒安定性（Neuroticism）／（楽観性）
5．知的好奇心（Openness to Experience）

この5つの性格がどのくらい遺伝と関連するのかということが、慶應義塾大学の研究（一卵性双生児４７０組と二卵性双生児２１０組の研究）から分かってきています（*5）。子供を持つ全ての親にとって朗報ですが、これらの**5つの性格は全て遺伝するのではなく、遺伝が関与する可能性は約30～50％にすぎない**ということが示唆されているのです（もちろん、この数字は統計学的な傾向です。個人で必ずしもそうなるとは限りませんが、集団として見たときはある程度の傾向が見えてきます）。

しかもこれに関して、近年、脳科学の分野で画期的な真実が発見されました。私達の脳は子供の頃は変化しやすい一方で、大人になると変化しにくいというのが常識でしたが、最新の研究から**『私達の脳はいくつになっても変化し続けることができる』**ことが分かってきたのです（これを専門用語で、『脳の可塑性《かそ》』と言います）（*6－*8）。

例えば、子供の頃は苦手だった食べ物が大人になると食べられるようになりますが、このとき脳内のシナプスの配線が変わって、新しい神経ネットワークが作られていることが分かっています。1冊の本に出合って人生の考え方や価値観が変わることがありますが、このときも脳が変化していることが示唆されています。

何故、こんなことが起きるのか不思議に思う人もいるかもしれませんが、これは私達の生命の歴史を紐解くと分かりやすいかもしれません。地球が誕生して以来、生命は氷河期が到来したり、深刻な水不足に遭遇したりと常に環境の変化に翻弄される歴史でした。こんなとき、これまでの行動や考え方を変えることができなかった生命はどうなったかというと、単純に生き残ることができなかったのです。つまり、**環境に合わせて変化してきた生命しか、現在まで生き残っていない**のです。

つまり、時代の最先端に生きている私達にも『環境に合わせて変化する』という生命の素晴らしい生存戦略がＤＮＡに組み込まれているのです。

実際に、幼稚園で泣いていた子供が、海外旅行や新しい場所などで新しい人と触れ合っていくうちに人見知りがなくなったり、学習の分野では教える先生が変わると子供が驚くほど快活になって勉強が好きになったりするケースがあります。つまり、子供の性格や思考パターン（好き嫌いなど）は遺伝子だけで決まっている訳でなく、環境に適応して変化しうることが示唆《しさ》されているのです。

私の会社では「自分が使う言葉や人にかけられる言葉によって、どのように性格や考え方が変化していくか」ということも研究しているのですが、実際に言葉の力によって、性格だけでなく身体能力や学習能力、ひいては仕事のパフォーマンスまで高めることができるケースも続々と確認されています。

私達はどんな環境に身を置くか、どんな体験をするか、どんな言葉をかけられるかで脳内に変化が起こり、考え方まで変化していくことがあります。そういった意味で、お子さまにどんな言葉をかけるか、どんな体験をさせるかは性格形成にとても大切な要素になるのです（言葉の力については、第3章『悪いことをしたら罰を与えるべきでしょうか？』と『上手な叱り方を教えてください』、第4章『「ほめる教育」が流行のようです。何でもほめたほうがいいのでしょうか？』、第8章『子供のやる気を高める方法を教えてください』と『子供と信頼関係を築く方法を教えてください』でも扱いたいと思います）。

**参考情報**

大 人の脳も子供に負けないくらい変化しやすいことが分かっています。例えば、高速道路に乗って一般道に降りると「景色がゆっくり」に見えますが、これは脳が速いスピードに対応するために視覚を変化させているからです。年齢に関係なく、私達大人もいくらでも変化することができるのです。

# Chapter 03

# 子供の行動についての悩み

Question No. 01

# いつもウソをつくので困っています

answer

## 脳が健全に発達している証拠です。温かく見守りましょう

ウソというと、人を騙したり裏切ったりなどマイナスの印象を持っていらっしゃる方も多いかもしれません。しかし、**ウソをつくことは脳科学的に「頭のよい証拠」**であることが分かっています。実は「ウソ」という行為は、脳にとってはかなり高度な行為で、それ

が真実だと思えるように、他者の考えを読み、かつ、論理的に説明できるという2つの力がなければならないからです。

例えば、子供に「テーブルにある箱の中身を見ないでね」と伝えて部屋を去ったとします。しかし、子供が我慢できずに箱の中身を見てしまいました。そのときほとんどの子供が「箱の中身を見ていない」フリをするのですが、「箱の中には何が入っていた？」と聞くと、3歳までの子供は「ぬいぐるみが入っていた」と正直に答えてしまいます（*1）。本来はつじつまが合うように論理的に説明しなければならないのですが、3歳ではまだそれができないようです。

ウソというのは、生命にとって大切な能力の1つであることが分かっています。例えば、親鳥は雛《ひな》鳥が他の捕食者に捕まりそうになると、捕食者の気を引くためにわざと弱ったフリをして雛鳥を助けようとします。またカメレオンは、敵から身を守るために周りの色に溶け込みカモフラージュします。このように、**ウソというのは、生命を守る大切な防御反応の1つ**として私達の中に組み込まれているのです。

ちなみにウソの研究でよく使われる「青い家」と「赤い家」という話があります。森の中でオオカミに追われたサルが「赤い家」に逃げ込みます。すぐにオオカミがやってきて「青い家と赤い家のどっちに入ったか？」と子供に尋ねるのです。このとき、5〜6歳の子供はサルを助けるために「青い家に入った」とか「分からない」とウソをつきます。しかし

3〜4歳の子供は、正直に「赤い家に入った」と教えてしまうのです。

4歳以下の子供は「相手の気持ちを理解する能力」がまだ不十分です（序章の『思いやりのある子になるように、小さいときからしつけたほうがいいですか？』を参照）。そのため、適切にウソをつけないことが分かっています（ある研究では、早い場合は3歳からウソをつく能力があることも確認されています（*2））。ウソをつくことはよくない側面もあるかもしれませんが、子供は人を助けたり自分を守るためにウソをつくこともあります。ウソをつくことは子供の脳が健全に発達している証拠でもあります。子供がウソをついたときは「うちの子は随分成長したな〜」と温かく見守ってください。もちろん、人に迷惑をかけたり、傷つけてしまったりするウソはよくありません。その場合はその場で、子供が適切に育つように言葉がけを工夫してみてください（詳しくは第3章『悪いことをしたら罰を与えるべきでしょうか？』と『上手な叱り方を教えてください』で扱いたいと思います）。

Question No. 02

# 早起きができなくて心配です

answer

## もしかしたらそれは遺伝子のせいかもしれません

私も講演会で「早く起きられなくて困っている」という悩みをよく相談されます。これについては、そんな悩みが解消されてしまう素晴らしい報告が2016年にありました。**『朝型と夜型は、もともと遺伝子で決まっている』**という驚きの事実です(*3)。

米カリフォルニアのＤＮＡ解析サービス会社「23 and Me」は、８万９２８３人の「朝型の人」と「夜型の人」の全ゲノムを分析しました。その結果、「朝型」の人に特有の３５１の遺伝子部位が発見されたのです。昔から日本では「早起きは三文の徳」と言って、早起きすることの大切さが説かれてきました。もちろん早起きすることで、「朝型」の人にはたくさんのメリットがありますが、**「夜型」の人が無理に朝早く起きようとすると、逆にパフォーマンスが下がってしまう**ことが考えられるのです。

昔から成功者ほど早起きという神話がありますが、研究から実際に成功している人には「朝型タイプ」と、「夜型タイプ」の２種類が存在することが分かっています。例えば、数学者のガウスやヘミングウェイは朝型だったそうですが、エジソンやデカルトは夜考えることが大好きだったことが分かっています。自分と子供がどちらのタイプになるのか理解することが、脳の発達の観点から大切になってきます。

参考までに、米国ラフバラ大学のジム・ホーン教授とオフロ・エストベリ博士が共同開発した「朝型・夜型のアンケート診断」というものがあります。これは、現在も世界中の睡眠研究者達が使用しているもので、19個の質問に答えるだけで朝型・夜型かを診断できます。私はちなみに「夜型〜中間型（やや夜型／スコア43）」でした。現在、国立精神・神経医療研究センターがインターネットで提供している「朝型夜型質問紙」でも診断できるようですので、ご興味のある方は検索してみてください。

Question No. 03

# 悪いことをしたら罰を与えるべきでしょうか？

answer

## 罰にメリットはありません。罰するよりも穏やかに言葉を伝えましょう

昔は悪いことをしたら、子供に罰を与えて教えることが大切と言われてきました。しかし、**厳しい罰を与えることでメリットがあるという研究は、私が調べた限りでは見たことがありません。罰すると、むしろ問題行動が強化されたり、子供が怒りっぽくなったり、**

**性格上の問題が出てきたりすることが報告されています**。何故かと言うと、問題行動を起こす子供はそのほとんどが『精神的に満たされていない傾向があり、親の気を引くために行動している』パターンがあるからです。そのような子供に対して、厳しい罰を与えても根本的な問題が解決されないため、より問題行動を繰り返すようになるというケースをこれまでたくさん見てきました。

私はこれまでに子育ての天才という方にも数多くインタビューしてきたのですが、共通して皆さんがおっしゃることは、『叱ることと、怒ることを区別する』ということでした。つまり、個人的な感情をぶつけることは子供にとって意味のないことだということをよくおっしゃるのです。

このことを支持する研究も米国で発表されています。スタンフォード大学のジョナサン・フリードマン博士らは**『厳しく罰するよりも、穏やかに言葉を伝えるほうが、子供は言うことを聞きやすくなる』**ことを発見しました（*4）。

この研究では、カリフォルニアの小学校に通う7～10歳までの少年40名を集めて、子供達に部屋で5つのおもちゃで遊んでもらいました。4つは安物（プラスチックの潜水艦、トラクター、野球のグローブ、玩具のライフル銃）で残りの1つは、当時の最新技術が活かされた「高価なロボット」でした。この中で子供達に群を抜いて人気だったのが「高価なロボット」でした。そこで研究者達は、子供達を2つに分けて1つ目のグループには厳しい口調で「ロボットには絶対に触るな、触ったら罰を与える！」と伝えました。もう1つのグループには、穏やかな言い方で「ロボットに触ってはいけないよ、ロボットで遊ぶのはよくないからね」と伝えました。そして6週間後、再び子供達におもちゃで遊んでもらったのですが、厳しく伝えた子供達は、なんと77％がロボットに触れてしまったのです。一方で、穏やかな言い方で伝えられた子供は、33％しかロボットに触れませんでした。つまり**厳しく叱ると『子供達は約2・3倍も言うことを聞かなくなってしまう』**ということが発見されたのです。

感情的になって子供に教育したとしても、子供は問題となる行動を繰り返してしまうことになります。もちろん人に迷惑をかけたり、怪我をしたりなど生命にとって危険な行為をすることは、やってはいけないことです。そのときは、子供に厳しく教える必要があります（感情的になってはいけませんが、生命に関わることについては、いつもより強い口調で教える必要があります。もしくは、親がいかに悲しいかを理解してもらえるように親が泣いたフリをすることも有効な場合があります）。子供が悪いことをしたときに、その場ですぐに注意することは大切なことです。時間が経ってから「あのときこうすればよかった」と伝えても子供の行動は変化しにくいことが分かっています。その場ですぐに注意することで、子供の行動は劇的に変化していきます（詳しくは次項の『上手な叱り方を教えてください』で扱いたいと思います）。

Question No. 04

# 上手な叱り方を教えてください

answer

## 理由を伝えて叱りましょう

都内のある幼稚園の講演会に行くために電車に乗っていたときのことです。目の前の座席に、若いお母さんと4~6歳のお子さんとその弟さんが3人で座っていました。すると子供二人が突然、靴のまま座席に立って窓から景色を見始めたのです。その瞬間、お母さんは形相を変えて「何やってるの！　ダメでしょ！　座りなさい！」と無理やり子供達を座らせました。すると、二人は一時的に座っているのですが、しばらくするとまた同じように靴で座席に立とうとするのです。そして何度もお母さんに激怒されていました。ほんの15分ほどのことだったのですが、『どんなに怒っても同じことを繰り返す子供の姿』が印象的で、今でもそのことがよく思い返されます。

「どうしてこんなことするの！　ダメでしょ！」「もうやらないで！」という言葉は、よく周りでも聞くかもしれません。実はこのような叱り方は、子供にとって有用であるどころか、あまり意味がないことが分かってきました。それどころか逆に、問題行動が繰り返されるだけのことがあります。これは子育てがうまくいく人達を研究して分かったことなのですが、子育てがうまい人ほど「ダメでしょ！」と言うだけの人はまずいません。それよりも、「危ないからダメでしょ、みんなが迷惑するからやってはいけないよ」とダメな理由を伝える人が圧倒的に多いのです。シンプルなことに思えるかもしれませんが、**理由を伝えると子供達は問題行動をしなくなる**傾向があることが分かってきています。

この理由を伝える効果について、ハーバード大学の研究グループは、学生を対象に面白い実験を行っています。この実験は、コピー機に並ぶ学生の前に行って「5枚だけ先にコピーしていいですか？」と聞いてみるものでした。その結果、約40％の人がそのお願いを拒絶しました。自分がずっと並んでいたのに、突然こんなことを言われたら、当たり前のことかもしれません。しかし「急いでいるので、先にコピーしていいですか？」と理由を伝えたところ、なんと約94％の人が順番を譲ってくれたのです(*5)。

理由を伝えることはシンプルなことですが、「理由」は脳の深い部分（理性を司る前頭前野）に作用して、行動レベルを変化させる効果が示唆されています（これを専門用語で『カチッサー効果』と言います）。実際に幼稚園の保護者にもインタビューしたのですが、**子供が言うことを聞かない親ほど「理由を伝えていないことが多い」**傾向があることが分かりました。子供は生まれてから20代になるまで前頭前野が発達していきます。理由を伝えることで脳の発達を育む効果もあることが考えられます。私も実際に6歳の甥がいるのですが、移動中の車内でずっとテレビばかりを見ていたので「暗い中で長い時間テレビを見るとよくないよ。目が悪くなるから、パイロットになれなくなるよ」と伝えたところ、それ以来、テレビを見たいときは私に「少しだけ見てもいい？」と確認するようになりました。理由を伝えるというシンプルなことですが、意外な効果に驚くことがあります。是非一度試してみてください。

## 参考情報

子育てがうまい親ほど注意した後に、「でも」という言葉を言うことが分かっています。通常なら「ダメでしょ！」で終わるところですが、うまくいく人ほど「今やると他の人が迷惑するからダメだよ、でも、家に帰ったらやろうね」と伝える傾向があることが分かっています。私達は「でも」と言われると、通常その後に否定語がくることを予想しますが、「でも」の後に肯定的な言葉がくると、脳はそのメッセージを受け入れやすい性質があることが確認されているのです。

マイナスなことを言ってしまったときは、ウソでもいいので「でも」という言葉を使ってみてください（例えば、「なんでこんなことをするの！　ダメでしょ！　でも、いつもお母さんのことを考えてくれる○○ちゃんが大好きだからね」など）。すると、思った以上に子供の反応が変わるかもしれません。

Question No. 05

# 子供部屋がいつも散らかっています。片付けたほうがいいでしょうか？

answer

## 創造力は「散らかった部屋」で、やり通す力は「整理された部屋」で育ちます

これまでいろいろなお宅を拝見させていただきましたが、部屋がおもちゃと本で大変な状態になっているお宅もあれば、たまに「モデルルームのように美しい部屋」のお宅まで様々です。ただ、結論から言うと、乳幼児期までの子供については、物1つないようなあ

まりにキレイな部屋で過ごすと脳への刺激が少なくなり、人とのコミュニケーション力や心の発達、創造性、成長スピードなどに影響があるように感じます。

実際にこれはある教育関係の方から伺った話ですが「家がモデルルームのようにキレイだと、引きこもりになったり、不登校が多くなったりする」のだそうです。中学受験のプロフェッショナルとして有名な西村則康氏（名門指導会代表）も、断捨離したかのようにあまりに物がない空間は、物を組み合わせて工夫して遊ぶ機会を奪ってしまい、子供の意欲向上を妨げる傾向があるということをおっしゃっています。

実際に、ミネソタ大学カールソン経営大学院のキャスリーン・ヴォース教授は、私達の**創造力（クリエイティビティー）はキレイな部屋よりも散らかった部屋のほうが高まる**ことを発見しています（*6）。ヴォース教授らは、「キレイな部屋」と「散らかった部屋」で「ピンポン玉の新しい活用アイディア」をできるだけ多く出してもらう実験を行いました。

その結果、アイディア数としてはどちらの部屋でもほぼ同じだったのですが、クリエイティブ度に関しては「散らかった部屋」のほうが平均28％も高い結果になったのです。しかも、アイディアを出すスピードまで速くなるという結果が出ました。

実際に、世界的に有名なスティーブ・ジョブズや、アインシュタイン、マーク・ザッカーバーグ、PayPalの共同創業者のマックス・レヴチン、ペニシリンを発見したアレキサンダー・フレミング博士などは、仕事のときに机の上が散らかっていたことは有名な話です。また科学的に証明された訳ではありませんが、これまでの傾向からすると、子供の創造性を伸ばしたい場合は、あまりにキレイすぎる部屋にすることは避けたほうがベターかもしれません。むしろ適度に散らかっているほうが、子供の発達を促進する可能性があります。

いっぽう、テンプル大学のグレイス・チェイ教授は更に面白い報告をしています。**散らかっている部屋よりも、キレイに整理された部屋で仕事をしたほうが、最後まで仕事をやり通す傾向が高い**というのです。また、行動遺伝学の研究からも、家の中が整頓されているかどうかなどを示す「CHAOS」という指標が、学業成績と相関関係にあることが示されています（部屋が整理されている子供は、学業成績がよい子供が多くなるという結果が出ています。しかし、片付けるから勉強ができるようになるということは証明されていません）。つまり、創造性を持ちたいときは『散らかった部屋で』、やり通す力を持ちたいときは『整理整頓された部屋で』と使い分けることが大事だと言えるかもしれません。

Question No. 06

# 独り言をぶつぶつ言っていますが、大丈夫でしょうか？

answer

## 独り言を言う頻度が高い子供ほど問題を解決する力が高まります

結論から言うと、全く問題ありません。「独り言」は心理学用語で『セルフトーク』と言われますが、**頭のいい子ほど、自分の内面との対話をしている**ことが分かっています。

元東大教授で心理学者の東洋博士らの研究グループは、4～6歳の幼児53名を対象にしてパズルを解かせる実験を行いました。その結果、子供は問題（障害）が発生したときに独り言が増える傾向があり、また**独り言を言う頻度が高い子供ほど問題を解決する力が高まる**ことを発見しました（*7）。『困難を乗り越える力』は現在、ＩＱよりも大切な力として世界的に注目されていますが、独り言はその力を高める素晴らしい方法と言えるかもしれません（困難を乗り越える力については第5章『演劇を学ばせたほうがいいでしょうか？』を参照）。

また、ドイツのサーランド大学のヨハン・シュナイダー博士らが２０３名の学生を対象にして行った実験では、セルフトークの得意な人ほど問題の処理に前向きで、困難にぶつかっても「自分は大丈夫だよ」と気楽に考える傾向があることが分かりました。

私達はうまくいかないと気分が下がることがありますが、セルフトークが多い人は自分との対話を通して自らを励ましたり、自分の行動を統制して、困難を乗り越える力を育んでいます。ちなみに親が独り言を言うと、子供も同じように真似するため、子供の精神がより安定する可能性も示唆されています。最近は自分の気持ちを子供に言わない親もいるようですが、相手がどんな気持ちを感じているか分からないと子供も不安になることがあります。親の気持ちを伝える独り言は、子供を育てる魔法の習慣かもしれません。

Question No. 07

# 落ち着きがない子で心配です。もしかしたらADHDでしょうか？

answer

## それほど心配することはありません。年齢とともに改善されることがあります

ADHD（Attention Deficit Hyperactivity Disorder／注意欠陥・多動性障害）は昔から、席に座っていられない、おしゃべりが多く、衝動性が強いことで集団生活が送りにくい子供の現象として知られていました。ただ、落ち着きがない性格は、まだ前頭前野が十分に

発達していない子供には必ず見られるものです。落ち着きがないからといって必ずADHDかというとそうではありません。**仮にADHDだったとしても、症状は年齢とともに改善される**傾向があることも報告されています。実際にADHDと診断された男の子のうち60％が18歳までに症状が治まることが分かっています（*8）（ADHDの子供は、普通の子供よりも大脳新皮質の灰白質の発達が約3年ほど遅れているそうですが、その差は10代後半には見られなくなると報告されています）。

更に面白い研究があって、フランスは米国と比べてADHD発症率が低いことが分かっています。小児精神科のセラピストMarilyn Wedge博士が報告するところによると、米国では9％の子供がADHDに悩んでおり精神科で治療を受けているそうです。しかし、フランスではなんとたったの0・5％以下だというのです（*9）。この違いが何から生まれているのかを検証していくと、まず大きな違いが、ADHDの考え方にある可能性があるというのです。つまり、「ADHDは何の病気ですか？」と米国の小児精神科医に聞くと「生物学的な原因による、生物学的な症状です。治療には向精神薬を使います」と主張します。しかし、フランスの小児精神科医に聞くと「原因は社会的な状況や環境にあります。化学療法の前にまずカウンセリングを行い、子供や家族の精神的な原因をクリアにします」と返ってくるのです。米国ではADHDの症状が見られると、そのまま病気として薬が処方されますが、フランスではその前に心理的な要因を突き止めて解決まで行うため、ADH

Dと診断される子供が少なくなっている可能性があります。

また最近では、米ジョージア大学のパトリック・オコーナー教授らのチームが、20分間エアロバイクに乗るような運動をするだけで、重症のADHDの症状でも改善されるという画期的な研究を発表しました[*10]。周りの対応や運動などの環境によって症状が改善されることが近年報告されてきています。

一般的にADHDというとマイナスのイメージを抱く方もいるかもしれませんが、最近になってプラスの側面もあることが分かってきています。例えば、注意力をコントロールできないことはある意味『視野が広い』ということです。衝動性が高いというのは『瞬発力が高い（エネルギーが高い）』ことでもあります。そのような個性をうまく活かすことができれば、社会で成功できる可能性もあるかもしれないのです。世界的に有名なエジソンは小さい頃は好奇心が強く、1つのことに集中できなかったと言われており、学校でも問題児とされていました。しかし、エジソンの母親は彼の力を信じて、学校をやめさせ自身で教育を行った結果、白熱電球から電話まで数々の革新的な技術を生み出す発明王となったと言われています。**ADHDは子供に遺伝する傾向があるのですが、昔から受け継がれているということは、私達の生命の中で何らかの必要があって存在する可能性があります。**ADHDを個性として捉えることで、子供の新しい能力が見えてくるかもしれません。

Question No. 08

# 注意力がありません。何故でしょうか？

answer

## 鼻づまりで口呼吸になっているせいかもしれません

最近、幼稚園や保育園などに伺うと、保護者の方から「うちの子は注意力がないのですが、どうすればよいでしょうか？」と質問されることが増えてきました。そのとき、お子さまがいらっしゃる場合は、そのお子さまを30秒ほど観察させていただくだけで原因が分かることがあります。これまでたくさんの子供達を観察してきたのですが、実は**「口が閉まっていない子供」ほど、注意力がない子が多かった**のです（もちろん例外もあります）。つまり、口呼吸をしている子ほど集中できない傾向が多いように感じます。

これに関して、2013年に発表された研究によると、口呼吸は鼻呼吸よりも前頭前野で酸素消費を必要とするため、脳が慢性的な疲労に陥りやすく、注意力が低下する可能性があることが報告されています（*11）。またそれによって、学習能力や仕事の効率の低下を引き起こす可能性も示唆されています。

実際に幼稚園や保育園でも、慢性的な鼻づまりだった子供が病院にいって治療したところ、集中力が出るようになったり、驚くほど快活になったりしたという話も聞きます。

またスウェーデンのカロリンスカ研究所のチームは**『鼻呼吸すると記憶力が高まる』**という驚きの研究結果も発表しています。この実験では、19〜25歳までの男女24名を集めて、記憶力の実験を行いました。そして対象を覚えてもらい、鼻呼吸で1時間の休憩をとったグループと、口呼吸で1時間の休憩をとったグループに分けました。その結果、鼻呼吸して1時間の休憩をとったグループのほうが、明らかに記憶力がアップしていたのです（*12）。ある日本の研究では、保育児の22・8％が口呼吸をしている可能性があるという調査もあります（*13）。鼻づまりはお子さまの学習能力の発達に影響がある可能性があります。できるだけ早めに専門の医院で診てもらってください。

Question No. 09

# 子供にさせるとよい日課はありますか？

answer

## お手伝いと日記がお勧めです

もし子供が学習もできて、仕事で将来成功して、素晴らしい人間関係まで実現するのに役立つ方法があるとしたら、小さいときからやっておくことをお勧めする「ある日課」があります。それは、『子供にお手伝いをしてもらうこと』です。

米国ミネソタ大学のマーティー・ロスマン教授は、未就学児84名を集めて、お手伝いの習慣があるかどうかを調べました。そして、その子達が10歳、15歳、20代になったときにどのような影響があるかを調べてみたのです。その結果、**3～4歳の時期にお手伝いを始めていた子供は、10代でお手伝いを始めた子供やお手伝いを全くしなかった子供に比べて、「成績がよく」「仕事で成功しやすく」「家族や友人との関係が良好で」「自分のことは自分でできる」**などの特徴があることが分かりました(*14)。ハーバード大学の研究では、子供の頃にお手伝いをする子供ほど、大人になってからよい精神状態になりやすいことも報告されています(*15)。

子供がまだ小さいとお手伝いをさせても逆に時間がかかってしまうため、自分でやったほうが早いと思うときもあるかもしれません。しかし、子供が小さいときからしっかりとお手伝いに取り組むと、子供は責任感を持つようになり、学習能力まで高まっていきます。子供はいろいろなことを体験することで大きく成長していきます。子供のためにもお手伝いをさせる習慣をつけてみてください。

ある程度文字を書けるようになったら、日記をつけることもお勧めかもしれません。研究から、**日記をつけると楽しいだけでなく、頭がよくなる**ことも報告されています。ウェイン州立大学のラムレー博士の研究グループは、74名の大学生を集めて日記を書かせてみました。そのとき、1つは「自分が1日の中で深く感じたことを書き出す」、2つ目は「明日何をしたいのかを書き出す」というグループに分けました。その後、試験を受けてもらったのですが、**自分の感情を書き出したグループのほうが、ストレスが軽減され、学力まで上がりやすくなる**ことが分かりました（*16）。他の報告でも、感情を人に話すよりもノートに書き出したほうがストレスが軽減されやすく、心理状態が高まることが確認されています（*17・*18）。悩みやストレスがあると学習能力が下がることが分かっていますが、日記は自分の気持ちをスッキリさせて学習能力を高める効果があります。お手伝いと日記は子供の才能を開花させる素晴らしい方法です。楽しみながら親子で試してみてください。

# Chapter 04

# 子供の教育についての悩み

Question No. 01

# 試験前は徹夜で勉強させたほうがいいでしょうか？

answer

## 徹夜の学習は逆効果になる可能性があります。睡眠はたっぷりとらせましょう

近年は小学校から中学・高校まで、夜遅くまで勉強する子供が多くなってきているようです。私が学生だったときも、試験前になると徹夜で勉強している友人達をよく見かけたものでした。しかし、最新の研究から『徹夜して勉強するよりも、睡眠をとったほうが試

験の成績がよくなる』という驚きの事実が分かってきています（*1）。

この研究はドイツのリュベック大学の研究者が発見した現象で、世界の一流雑誌「Nature」でも紹介されて話題になりました。具体的には、被験者の人達に集まってもらい、最初に超難問と言われる難しい問題を見せて、8時間後に答えてもらうというものでした。そして2つのグループに分けたところ、次のような結果になったのです。

8時間徹夜で勉強してから解いたグループ　→　正解率：20％
8時間寝てから解いたグループ　→　正解率：60％

つまり、**徹夜して勉強するよりも、8時間ゆっくり睡眠をとったグループのほうが、なんと3倍も正答率が高まる**という衝撃的な結果でした。ちなみに、朝から夕方まで8時間勉強したグループの正答率は20％（徹夜グループと同じ）だったそうです。正答率20％というのは、かなり難しい問題と思われますが、睡眠を十分にとると難問でもどうやら直感が冴えて『ひらめき』が生まれやすくなるようです。

睡眠と学習の関係については、現在、世界中で精力的に研究が行われています。例えば、米国の高校生120人を対象に行われた研究では、成績がよくない学生（C−F評価）は、成績優秀者（A−B評価）と比べて睡眠時間が平均して約25分ほど短い傾向があることが報告されています。更に成績がよい子は、睡眠時間が約7時間半と比較的長く、ベッドに入る時間も夜10時半とやや早めに就寝する習慣がある子が多いようです（*2）。２０１３年のカリフォルニア大学の研究では、睡眠時間が短い高校生は、成績が悪い子が多いことも報告されています（*3）。

これらの統計データについては、あくまでも相関関係であり、睡眠時間が短いと必ず成績が下がるという因果関係を証明するものではありません。しかし、睡眠時間を削ってまで勉強をすることは、学習の上では逆効果になる可能性もありうることを示唆しています。

ちなみに東北大学の研究では、**睡眠時間が短い子供ほど、脳の中で記憶を司る『海馬』という場所が小さくなる傾向がある**ことも報告されています（健康な5～18歳の子供２９０人が対象）（*4）。

実は私も小さい頃からとにかくよく寝る子で、小学生までは遅くても夜9時、中学生になっても10時になると眠くなるほうでした。もちろん大人になると夜型になる人も増えていくのですが（詳しくは、第3章の『子供が早起きができなくて心配です』を参照）、昔から『寝る子は育つ』と言われるように『質のよい睡眠を十分に取ること』は子供にとって最大のギフトかもしれません。お子さまの睡眠が十分とれるように心がけてあげてください。

Question No. 02

# 「ほめる教育」が流行のようです。何でもほめたほうがいいのでしょうか？

answer

## 年齢によってほめ方を変える工夫をしましょう

ほめることは大切ですがバランスが大切なことが分かってきています。ほめることの研究は昔から世界中で行われていて、メリットを報告する研究は数多くあります。ただし、子供の能力や才能そのものをほめてしまうと、子供がダメになってしまう可能性があることが指摘されています。

世界的に有名な例としては、スタンフォード大学のキャロル・S・ドゥエック教授の研究があります（*5）。一般的に私達は「○○ちゃんは頭がいいわね～」、「こんな絵を描くなんて天才だね！　すごいね！」と子供の能力そのものをほめてしまいがちですが、実はこのようなほめ方をされると、子供は難しいことにチャレンジしなくなるという衝撃的な事実が発表されています。**子供は「頭がいい」とほめられると、「頭がいい＝問題ができる」という状態を維持するために、確実にできる簡単な問題ばかりに取り組むようになります。その結果、難しい問題にチャレンジしなくなってしまう**のです（逆にほめないほうが、能力をほめるグループよりも難しい問題にチャレンジするようになることも分かっています）。

ただし、ほめ方を工夫すると、子供はより難しいことにチャレンジするようになることが分かってきています。それは**『努力をほめる』**という方法です。例えば、自分が目標に向かって進んでいて「いつも努力していて偉いね」と言われたら、どんな気持ちがするでしょうか？　ほとんどの人が努力を評価されて嬉しいと思うでしょうし、更に努力しようと思うかもしれません。実際に子供だけでなく、大人も努力をほめられると、努力することへの意欲が高まり難しいことに取り組もうとする行動が強化されることが分かっています。

現在、子供が大人になって成功するためには、IQよりも『困難を乗り越える力』（専門用語で『レジリエンス』と言われています）が大切と言われています（詳しくは第5章『演劇を学ばせたほうがいいでしょうか？』を参照）。そういった意味で、努力や行動をほめることは困難を乗り越える力を育むために大切な方法の1つとも言えるかもしれません。能力そのもの（特に計算が速い、スポーツがうまい、絵がうまいなど）をほめるのではなく、努力やそれに至る過程をほめてあげることが大事になってきます。

年齢によって、ほめ方を変えていく必要があることも分かってきています。これは私が子育ての天才と言われる人達を見てきて分かってきた傾向ですが、**0〜3歳の頃はとにかくたくさんほめる**人が多いように思います。そもそも、子供がまだ小さい頃はほめられていること自体が十分に理解できていないのですが、『ほめられること＝自分に興味を持ってくれている（安心感）』につながる可能性があるのです。そのため、自己肯定感が育ちやすくなることが考えられます。実際に、お母さんが笑顔だったり、声かけが多かったりする子供はハイハイをよくするようになったり、温かい言葉をかけられて愛情をたっぷり受けて育った子供は脳の発達スピードが2倍以上速まったりすることも分かっています（しかも、6歳までの母親の育児スタイルでほぼ決まってしまうそうです）（*6）。

**4〜5歳児は、11〜12歳の子供と比べると、ほめられる内容よりも、ほめられた回数が多いほど、自分の能力が評価されていると実感できる**傾向があることも分かってきました

（*7）。子供がまだ小さいうちは、まずは愛情表現の1つとしてほめてあげることが大切になってきます。

ほめる対象としては次の5つの分類があります（*8）。子供をほめる際の参考にしてみてください。ただし2番目の能力をほめると、前述の通り、難しい問題にチャレンジしない子供になる可能性があります。成果ではなく努力（行動・プロセス）をほめることが大事になってきます。

**【ほめる対象】**

1．外見（目がキレイ、髪型、ツメが美しい、ファッションなど）
2．能力（頭がいい、運動ができる、芸術の才能など）
3．所有物（カバン、玩具、図鑑、絵本、人形、自分で創作したもの、生物、知識など）
4．人格・友情（順番を守れる、お手伝いができる、行儀がよい、約束を守れるなど）
5．その他（生活習慣、片付け、マナー、あいさつなど）

**小学生以上になると子供も賢くなってきます。いつもほめられる環境にいると、脳がそれを当たり前に思ってしまい、行動が強化されにくくなる傾向があります。**一方で、いつほめられるか分からない状況にあると、脳は期待が高まるため行動がより定着する効果が認められています（専門用語で『ハンフレイズ効果』と言います）。

また少数のケースですが、自信がない人に関しては、ほめられてもポジティブに受け取ることができず、ほめる効果が下がることも報告されています（*9・*10）。みんなの前でほめられるとネガティブになる小学1年生も一部いるようです。これはあくまでも少数ですが、そんな子供がいることも念頭に置いてください。

多くの子供は努力をほめられるとポジティブにとらえてどんどん能力が発達していきます。特に、小学生以上のお子さまをお持ちの方は、ここぞというときに努力をほめてあげてください。たった1つの言葉で子供は影響を受けて、益々チャレンジ精神旺盛な子に育つ可能性があります。

Question No. 03

# やる気を起こさせるためにご褒美をあげたほうがいいでしょうか？

answer

## ご褒美がやる気を削ぐこともあります。物質的な報酬より精神的な報酬を

「ニンジンをぶら下げて子供をやる気にさせる」。昔の親にとっては、子供を動かすための常套《じょうとう》手段として使われてきた方法かもしれません。最近では少子化に伴い「ご褒美《ほうび》やおもちゃを買ってあげたい」という親や祖父母も増えてきているようです。しかし、心理学

の研究からは、**ご褒美を与えると子供は逆にやる気がなくなってしまう傾向にある**ことが分かってきています。特に、学習や仕事に対する意欲にも関わる『内側からのやる気（内発的動機）』が下がることがいくつもの研究で示されています。

有名なのは、ソーマキューブというパズルの実験です（[*11]）。この研究では、子供達にパズルを30分やってもらった後に休憩してもらうのですが、パズルがあまりにも面白いため、休憩中も多くの子供達がパズルを解き続けます。そこで研究者は子供のやる気を更に高めようと、今度は「パズルが解けたら報酬を1ドル与えるよ」と子供に伝えてみました。その結果、子供は一生懸命パズルに取り組むのですが、パズルを解き終わった後、なんと子供はパズルに見向きもしなくなってしまったのです。これは報酬が目的になってしまった結果、本来のパズルへの関心（やる気）が薄れてしまうという現象で、これを専門用語で『アンダーマイニング効果』と言います（[*12]）。

ただ、他の実験では、**報酬は頭を使わない単純な作業には効果的**との結果も出ているようです（ニューヨーク大学心理学者サム・グラックスバーグ博士）。また、２０１１年の研究では、**成果に対して報酬を与えるとやる気は下がりますが、努力に対して報酬を与えると逆にやる気が高まる**ということも報告されています（[*13]）。

物質的な報酬よりも、言葉の報酬、つまり『ほめ言葉』のほうが効果が高いことも報告されています。物を与えられたときの喜びは時間が経つと薄れていきますが、ほめられたときの喜びはいつまでも私達の心に残ります。つまり、**精神的な喜びは私達のやる気を高めてくれる一番の報酬になる**のです。

### 参考情報

やる気を高めるためには、減点法はよくないことも分かってきています。人を評価するとき、減点法と加点法の2種類がありますが、最新の研究から『減点法で評価されるとパフォーマンスが下がる』ことが分かってきました（エラスムス・ロッテルダム大学のヴァンディーレンドンク博士の研究）。研究チームは、被験者を2つのグループに分けてテストを行い、1つ目のグループは、答えを間違うごとに報酬を減らしました（減点方式）。もう1つのグループは、間違っても報酬には関係ない採点方法を採用しました。その後、集まった人達に寝てもらい、起床時の試験問題の記憶の定着率を調べてみました。その結果、間違うたびに報酬を減らしたグループ（減点方式）の記憶力が明らかに低くなっているという事実が判明したのです。

私達は評価されるときにマイナス面ばかり見られるとよい気持ちがしません。それによってパフォーマンスまで下がってしまいます。子供に対しても同じような効果があることが予想されます。子供を評価するときは、ダメ出しよりもプラスの面を意識してみてください。

Question No. 04

# 物覚えが悪いので心配です

answer

## 記憶力のよい悪いも1つの個性です

子供がなかなか物事を覚えられないと、心配になってしまうこともあるかもしれません。

しかし、天才と呼ばれる人でも、記憶力がよくない人が結構いることが分かっています。

世界的な芸術家として有名なピカソや、アメリカ大陸を発見したコロンブス、天才音楽家として知られるベートーベン、進化論で有名なダーウィンは、小さい頃から記憶力が悪かったことが知られています。例えば、ダーウィンはあまりに記憶力が悪かったため、忘れないように常に思いついたことをメモしていたそうです。そして、それを繰り返すうちに、その内容があの有名な「進化論」になりました。**天才は物覚えが早いというイメージがありますが、決してそうではない**のです。

性格によっても記憶力のよし悪しの傾向が異なることが分かってきています。ロンドン大学精神衛生研究所のアイゼンク博士は、600名の女子に記憶力の実験をしたそうです。その結果、**明るい子は物事を理解するスピードは速いのですが、記憶力ではよい成績を挙げにくいことが分かりました。一方で、内気な子は理解のスピードは比較的ゆっくりですが、明るい子よりも記憶力が高いことが分かったのです**。

これについては現在いろいろな理由が考えられていますが、理解が早い人達は脳の中で、一瞬で情報が処理されてしまうため、記憶がやや定着しにくい傾向があると考えられています。ただ、処理能力が早いため、将来的には速い決断を求められる経営者や、スポーツ選手、お客様のニーズを把握するサービス業などには向いている可能性があります。また、内気な子は言葉数は少ないですが、実は物事を深く理解する能力が優れているため、職人気質で、深い領域を掘り下げる仕事などが向いている可能性があります（詳しくは、第2章『友達が少ないようで心配です』を参照）。

Question No. 05

# 記憶力を高める方法はありますか？

answer

## 場所を変える、運動する、水を飲むなどの方法があります

私は仕事柄、脳の研究をしている関係で、記憶力を高める方法もいろいろと研究してきました。世界的な研究でも、意外と記憶力は簡単な方法で高めることができることが分かっていますので、いくつか紹介したいと思います。

1つ目は『場所を変えるだけで記憶力が高まる』という驚きの方法です。様々な分野でうまくいく人達を研究すると、記憶力が高い人達は『ある習慣』を持っていることが分かったのです。それが『**学習するときに、頻繁《ひんぱん》に場所を変える**』という習慣でした。特にうまくいく人ほど、ずっと同じ場所にいるよりも、違う場所にいることを好む傾向があります。例えば、午前中はオフィスで仕事をして、その後はランチをしながらミーティング、そしてカフェで書類を整理して、夕方は自宅で企画案を練るというように、とにかく1日の中での移動が多いのです。

ミシガン大学の研究でも、場所を変えるだけで記憶力が50%も高まることが分かってきました(*14)。単語を2回に分けて10分で覚えさせる実験なのですが、1つ目のグループは2回とも同じ部屋で覚えさせ、2つ目のグループはそれぞれ違う部屋で記憶してもらいました。その結果、同じ部屋で覚えた人は平均16個のスコアだったのですが、違う部屋で覚えたグループの人達はなんと24個も記憶していたのです。

同じ場所で学習をしていると、脳がその空間に慣れてしまい働きが自然と落ちてしまいます。しかし、場所を変えることで環境からの五感の刺激が脳に伝わるため、脳力全体がアップするようです。よく東大生が自宅だけでなく、リビングや図書館で勉強するという話を聞きますが、まさに場所を変えることで学習能力をアップさせていると言えるかもしれません。

2つ目が**『運動が記憶力を高める』**という事実です。これは2017年にカリフォルニア大学アーバイン校と筑波大学の共同研究で報告された画期的な発見ですが、『軽い運動を10分するだけで、記憶力が高まる』ことが分かってきたのです（*15）。またアイルランド・ダブリン大学の研究チームは、エアロバイクなど30分の運動後に記憶力が高まることも報告しています（*16）。実際に血液を分析したところ、運動した後の血液中では、記憶力の増進に関係すると言われている『BDNF（脳由来神経栄養因子）』の値が著しく高まることが報告されています。また学習をした4時間後に運動することも記憶力を増進する効果があることが分かっています（*17）。

3つ目が**『水を飲むことが記憶力を高める』**という事実です。実際に子供達に水を250〜300ml飲ませると、その後の記憶力がアップすることが分かってきました（*18・*19）。また、作業の前に水を飲むと、集中力などの反応時間がアップすることも分かってきています（*20）。私達の体のおよそ50〜75%が水でできていると言われていますが、水分不足になると、あらゆる能力が下がる傾向があります。特に子供は大人と比べて運動量が多いため、水分不足になりやすい傾向があります。十分な水分補給は子供の発達に大切な役割を果たすのです。

Question No. 06

# 算数が得意になる方法はありますか？

answer

## 語彙力を磨きましょう。数学を学ぶ目的を明確にしましょう

私が大学に入ったときの話ですが、数学がすごく得意な友人が何人もいました。実際にその友人達に話を聞くと、「数学とは宇宙の数式だ」とか「世界は全て数字というメロディでできているんだ」など、とにかく言葉の使い方がうまかったことを今でも覚えています。

最近の研究からも、**小学校になって算数ができる子供は、幼稚園のときの語学能力（語《ご》彙《い》力）が高い傾向にある**ことが分かっています。子供に語りかける言葉の量が多いほど、子供の語彙力が伸び、学習能力も高まりやすくなります。また小学校の研究で、勉強ができる子とできない子では、小学校1年生で「約3・5倍」、小学校6年生で「約4・4倍」の語彙力の差が存在するという報告があります。

私達は物事を考えるときに必ず言葉を使いますが、言葉の数が少ないとどうしても考える力（思考力）が衰えてしまいます。行動遺伝学の研究でも『言葉の能力の遺伝確率は約25％』となっており、環境によって大きく伸ばせる可能性が注目されています。『天才は言葉から生まれる』。そんなことが科学界では示唆されています。

言語の能力が生まれつきでなく、環境によって左右されることは、赤ちゃんを見ると分かります。赤ちゃんはどんな国に行っても、すぐにその国の言語をマスターできます。言葉の力はどんな人にも平等に与えられている才能と言えるかもしれません。

**【小学校1年生の語彙力】**
できない子　→　2000語
できる子　→　7000語（3・5倍）

**【小学校6年生の語彙力】**
できない子　→　8000語
できる子　→　3万5000語（4・4倍）

また算数が好きでないお子さまをお持ちの方にも朗報があります。**小さい頃は算数が得意でなくても、大人になって得意になった人もいる**ことが分かってきているのです。例えば、「東大生が考えた魔法の算数ノート なっとQ～」（小学館）を出版した南部陽介氏は、小中学生の頃の算数・数学の成績はずっと「1」か「2」だったそうです。学校の授業は、決まったことをマニュアル通りにするだけで大嫌いだったとおっしゃっています。当時は公式などは覚えず、ブロックやRPGゲームにはまっていたとのことでした。そんな彼が数学を好きになったのは、高校に入ってからだったそうです。一番のきっかけが宇宙を舞台にした米国ドラマ「スタートレック」に夢中になったことでした。宇宙の奥深さの虜になった彼は、将来は宇宙に関する仕事をしようと決意したそうです。それから数学の勉強をスタートし、「数学の美しさ」に感動し、気づいたら今の仕事をしていたとのことでした。

数学者で著書「AI vs. 教科書が読めない子どもたち」（東洋経済情報社）がベストセラーになった国立情報学研究所の新井紀子教授も、小さい頃は数学嫌いだったそうです。彼女はあまりにも数学が嫌いすぎて、大学受験が終わった翌日に数学の教科書を全部燃やしたというエピソードがあります。あるインタビューの中でも「私は計算が苦手な上に、おっちょこちょい。計算間違いが多くて点数が悪かった。中学に入るともっと嫌いになりました」と語っています。しかし、そんな彼女が今では日本を代表する数学者として注目されています（彼女は物事のしくみを理解する方法を学ぶために、数学が有効だと知ってから、好きになったと答えています）。つまり、**算数を何のために勉強しているのかが明確になっている子供は、算数が得意になる可能性があります**。これまで数学は何のために学ぶのか？という目的が分からない人が多かったかもしれません。しかし最近になって、**算数ができると大人になって年収が高くなる傾向がある**ことが分かっています（*21－*23）。お子さまにもよろしければ伝えてみてください。

### 参考情報

高校時代に数学ができる子供は、将来の時給にして1・3〜1・66ドル多く稼ぐことが分かってきています（*21）。1日8時間労働だとしたら年収にして3168ドル（約34・5万円）の違いを生み出す結果につながるようです。また日本の研究でも、理数系が得意な人は年収が高い傾向があることも示唆されています（文系出身者の平均年収は559万円でしたが、理系出身者は601万円となっています。理系で最も年収が高い人は物理が得意な人という結果も出ています）（*22・*23）。文系でも数学を受験で選択した人はそうでない人に比べて年収が90万円ほど高い傾向にあることも分かっています。

Question No. 07

# 幼児期に外国語を学ばせたほうがいいですか？

answer

## その子が将来どのような人生を送りたいかで変わってきます

現在、外国語の学習については様々な研究が行われています。実際に、科学者の間でも外国語の学習は「1歳でも早いほうがよい」と言う人と、「母国語が固まっていないうちから教育するのは、脳が混乱をきたして健全な思考力が育ちにくい」と言う人に分かれているのが実情です。ただ、外国語と言ってもいろいろな言語がありますし、学び始めた年齢やネイティブの人が両親のどちらかにいるかによって結果が変わってしまうため、現在の科学では「これが絶対に正しい！」という結論をお伝えするのはなかなか難しい状況かもしれません。

ただ、外国語を学ぶことで得られるメリットとデメリットを知ることで、最終的にどんな選択をすればよいのかが明確になることがあります。現在までに分かっている外国語学習の実情をできる限りお伝えできればと思います。

まず、デメリットからですが、**幼少期から外国語を学ぶと母国語の語彙力が下がる**という報告があります（*24・*25）。これは脳の容量がある程度決まっているため、外国語を学ぶとどうしても母国語の語彙力が少なくなってしまうからです。ただ、2つの言語を合わせると、母国語だけの子供と同等の語彙力があることも知られています。また、バイリンガルの人は大人になってから、単語を思い出すのに時間がかかったり、思い出せなくてもどかしく思う体験を経験することが多いことも知られています（*26）。

ここまでだと、外国語はちょっとと思われるかもしれませんが、実は外国語を学ぶことでメリットがあることも報告されています。その1つとして注目されているのが**『バイリンガルは、考え方が柔軟になる』**（専門用語で『実行機能』が高まる）というメリットです。4歳頃まで子供は一度決めてしまったルールを変えられると、新しいルールに対応できないというのが一般的です。しかし、3～5歳のバイリンガルの子供を対象に同じルール変更を行ったところ、なんとスムーズに対応できる子供が多いことが分かったのです（*27）。また、問題解決能力が高まるということも報告されています。更に、多言語が使える子供は、単一言語の子供よりも他者の立場に立って物事を考える能力が高まることが分かっています。どの言葉で話すと相手にとって分かりやすいのかを常に考えるため、ある意味思いやりのある子に育ちやすくなるようです。それによって多言語を話す子供は、コミュニケーション力が高まるという結果も出ています（*28－*30）。

世界的に見ると**多言語を話す国は全体の50％を超える**とされています（*31）。例えば、ヨーロッパのほとんどの国は2ヶ国語以上が公用語となっていますし、インドでは少なくとも30の言語が存在するようです。日本や韓国はたまたま単一言語を話す国で気づかないことがありますが、多言語を話すことは世界的には一般的なことと言ってもよいかもしれません。

以前、お茶の水女子大学の元名誉教授の内田伸子氏（発達心理・認知心理学）から『海外に行く年齢によって英語の習得率が変わる』という面白いお話を伺いました。英語の読書力偏差値で見ると、実は7～9歳のときまで日本にいてカナダに移り住んだ子が一番成績がよいというのです。次が10～12歳で行った子で、3～6歳で移り住んだ子は最初は速く伸びますが、その後はゆっくりしか伸びなくなるとのお話でした。これは海外に移住した場合ですので、日本で英語を学ぶ場合は、環境が異なるため違う結果になることも予想されます。もちろん、発音などには差が出てしまうことがありますが、小学生くらいまでは、いつ英語の勉強を始めてもある程度は遅くはないことを意味しているかもしれません。

最終的には子供が将来どのようなライフスタイルを送るのかによっても、外国語の重要性が変わってきます。「将来日本で仕事をするのか？」、「海外で仕事をするのか？」によっても、子供の選択肢が変わってくるでしょう。

**・・・・参考情報**

**②** 0ー6年の研究によって、多言語を話す人は成人になって認知症の発症が4年半ほど遅くなるという報告があります（*32）。また外国語を話すときと、日本語を話すときでは、性格や性格パターンまで変わることが分かっています（*33）。どんな言葉を使うかで、私達の脳は大きな影響を受けます。言葉を大切にすることで、私達の考え方や健康状態まで変えることができるということかもしれません。

Chapter

05

# 情操教育の悩み

Question No. 01

# 絵がうまくなる方法はありますか?

answer

## 股のぞきで対象を見てから描いてみましょう

「絵を描く能力は生まれつきの才能」というイメージがある方が多いかもしれません。しかし、最新の研究から、絵を描く能力は生まれつきではなく、トレーニングによって高めることができることが分かってきました。それに関して、ロンドン大学で行われた面白い

郵 便 は が き

料金受取人払郵便

渋谷局承認

6009

差出有効期間
2020年12月
31日まで
※切手を貼らずに
お出しください

150-8790

130

〈受取人〉
東京都渋谷区
神宮前 6-12-17
株式会社ダイヤモンド社
「愛読者係」行

| フリガナ | | 生年月日 | 男・女 |
|---|---|---|---|
| お名前 | | T S H 年齢 歳 年 月 日生 | |
| ご勤務先 学校名 | | 所属・役職 学部・学年 | |
| ご住所 (自宅・勤務先) | 〒 ●電話 ( ) ●FAX ( ) ●eメール・アドレス ( ) | | |

◆本書をご購入いただきまして、誠にありがとうございます。
本ハガキで取得させていただきますお客様の個人情報は、
以下のガイドラインに基づいて、厳重に取り扱います。

1, お客様より収集させていただいた個人情報は、より良い出版物、製品、サービスをつくるために編集の参考にさせていただきます。
2, お客様より収集させていただいた個人情報は、厳重に管理いたします。
3, お客様より収集させていただいた個人情報は、お客様の承諾を得た範囲を超えて使用いたしません。
4, お客様より収集させていただいた個人情報は、お客様の許可なく当社、当社関連会社以外の第三者に開示することはありません。
5, お客様から収集させていただいた情報を統計化した情報（購読者の平均年齢など）を第三者に開示することがあります。
6, お客様から収集させていただいた個人情報は、当社の新商品・サービス等のご案内に利用させていただきます。
7, メールによる情報、雑誌・書籍・サービスのご案内などは、お客様のご要請があればすみやかに中止いたします。

◆ダイヤモンド社より、弊社および関連会社・広告主からのご案内を送付することがあります。不要の場合は右の□に×をしてください。　不要 □

**①本書をお買い上げいただいた理由は？**
（新聞や雑誌で知って・タイトルにひかれて・著者や内容に興味がある　など）

**②本書についての感想、ご意見などをお聞かせください**
（よかったところ、悪かったところ・タイトル・著者・カバーデザイン・価格　など）

**③本書のなかで一番よかったところ、心に残ったひと言など**

**④最近読んで、よかった本・雑誌・記事・HPなどを教えてください**

**⑤「こんな本があったら絶対に買う」というものがありましたら**（解決したい悩みや、解消したい問題など）

**⑥あなたのご意見・ご感想を、広告などの書籍のPRに使用してもよろしいですか？**

1　実名で可　　2　匿名で可　　3　不可

※ご協力ありがとうございました。

研究があります（*1）。研究チームは、まずボランティアを集めてデッサンをしてもらったのですが、そのとき、参加した人達が絵を描く際にどんなところを見ているか、見た目をどのくらい記憶しているかなどを詳細に調べてみました。その結果、絵が下手な人ほど『対象物をありのままに見ていない』傾向があることが分かったのです。**絵が下手な人は、どうやら先入観を持って対象物を見ているらしい**ことが示唆されました。

視覚的な情報は脳で処理されるため、先入観は脳に作用して真実と異なる映像を見せてしまうことが分かっています。最も分かりやすい例の1つが、恋愛で相手に夢中になっているときかもしれません。恋愛中は気づかないかもしれませんが、恋から冷めると「あれこんな人だったっけ？」と思う経験をした人もいるのではないでしょうか？　私達は「この人は素敵な人に違いない！」という先入観で相手を見ると、表情だけでなく人柄までも真実と異なる形で見えてしまうことがあります。実は絵を描くときも、まさに同じようなことが起きていることが示されているのです。

そういった意味で先入観を捨てることができると、対象を正確に捉えることができるため、絵が以前よりも確実にうまくなる可能性があります。

「それではどうやって先入観をなくせばいいのか？」ということが大切になってきますが、これについては意外と簡単にできる方法があります。私が子供を観察していて気づいたことなのですが、絵がうまい子ほどある行動が多かったのです。それが、**『股の間から覗**

## 股のぞきで絵がうまくなる

①

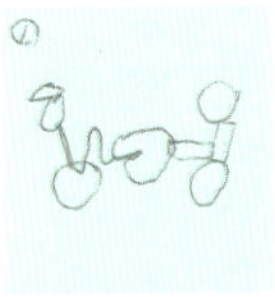

②

③

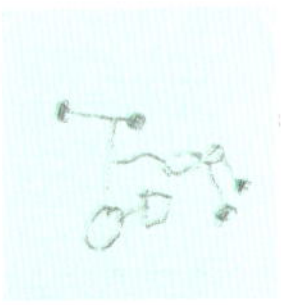

**子供に三輪車を描いてもらう実験をしました。①は通常の体勢で描いた絵。②は股開きをしながら描いた絵。③は②の後に、通常の体勢で描いた絵になります。明らかに対象を捉える力が上がっていることがわかります。**

**き込むような姿勢』**（いわゆる股のぞき）をするということでした。最初は私も半信半疑だったのですが、逆さまに世界を見ると視点が変わるため、これまで見ていた世界とは全く違う世界に見えるようでした。その結果、昔持っていた先入観がなくなってしまう傾向があることが分かってきたのです。

実際に6歳の子供に股のぞきで見てもらった後に、絵を描いてもらったときのイラストがあります（上図を参照）。絵を見ると一目瞭然ですが、明らかに絵を描く能力が向上している様子が分かると思います。

私達は通常の世界を見るとき、どうしてもいつもの自分の先入観が入ってしまいます。しかし、逆さまという非日常の風景を見ると、これまでの先入観がどうやら消えてなくなってしまうようです。小さい子供に細かい指示を出すことが難しく、5歳以下の子供については正確な検証はできていませんが、ある程度大きくなってからであれば、見違えるように絵がうまくなります。ちなみに、絵が苦手な大人がやっても明らかに効果がありますので、もし機会があれば親子で試してみてください。

Question No. 02

# 勉強だけでなく運動もさせたほうがいいですか？

answer

## 運動は頭の回転を速くする素晴らしい習慣です

世界的な研究から、**運動することは子供の学習能力を発達させる最高の方法の1つ**であることが分かってきています。

現在、運動に関してはたくさんの研究が発表されていますが、それらの膨大な情報を統合してまとめた研究があります（*2－*4）。これは興味深い発見なのですが、活発に運動している子供ほど、「認知能力」、「知能指数」、「言語テスト」、「算数テスト」などのあらゆる面での学業成績が高い傾向が発見されたのです。また、運動と成績には明らかにプラスの相関があって、特に4～7歳と11～13歳の子供ほど影響が大きいことが分かってきました。子供の文章を読む能力と算数の成績については、ジョギングやサイクリング、水泳などの長時間継続して運動できる能力（有酸素運動の能力）に比例していることも分かってきています。ここで面白いのは、学習能力と筋力（筋肉の量）にはほとんど関係がなかった点です。つまり、**筋肉をいくらつけても頭がよくなる訳でなく、適度に酸素を消費する運動能力が高いほうが、学力の高さに関係する**という傾向が分かってきました。

**私達は運動すると、脳内の神経線維の『ミエリン』という部分が増えることも分かってきています。ミエリンは神経伝達スピードを2～10倍ほど高める役割があるため、運動すればするほど、特定部分の運動を司る情報の処理能力が速くなります**（つまり、特定作業に対する頭の回転が速くなります）。まるで、ブロードバンドが光回線になるようなものかもしれません。現在、子供の運動不足と身体能力の低下が深刻化していますが、実は子供たちの知能レベルの低下にもつながっている可能性も示唆されています。

私は仕事柄、ビジネスで成功されている方とお会いすることが多いのですが、有能な経営者ほど、スポーツや運動が好きな方が多い傾向があるような気がします。もちろん、こ

運動するほどミエリンは増える

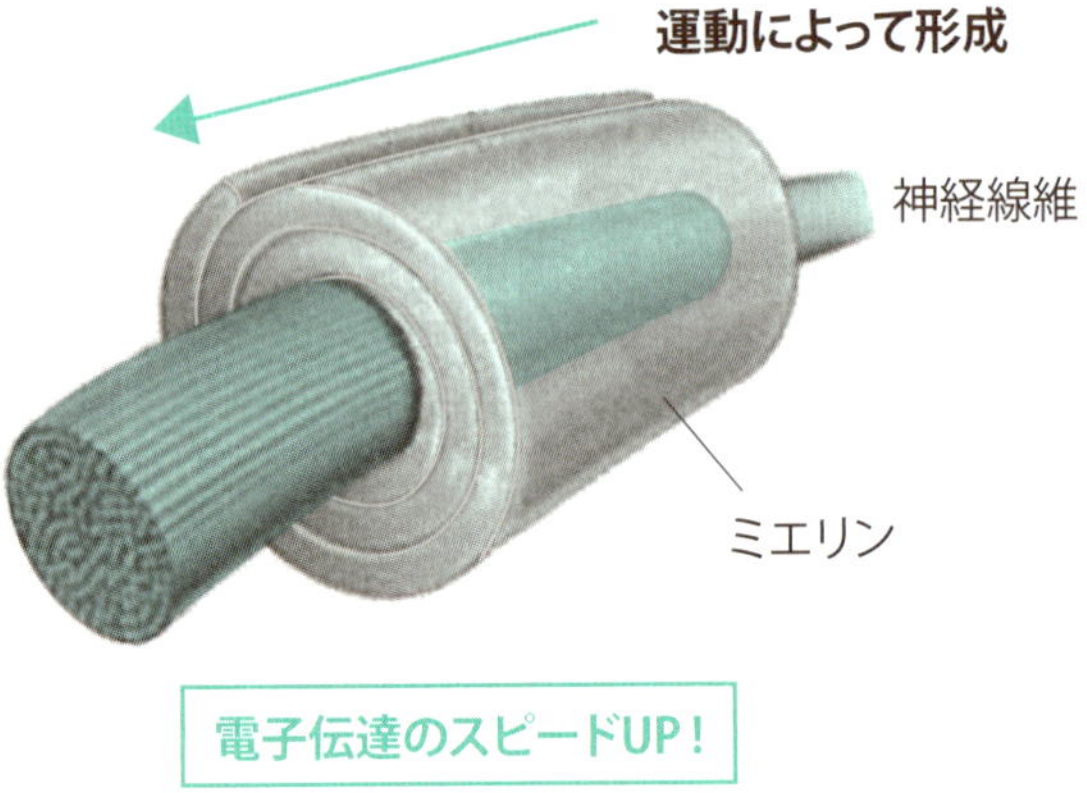


れは確率論なので、普段あまり運動していなくて成功されている方もいらっしゃいます。しかし、科学的に言うと、運動の習慣をつけると更に成功しやすくなるかもしれません。

以前、四国のある幼稚園の講演会に伺ったときのことです。空港から幼稚園まで車で移動していたのですが、窓からメインの通りを眺めていると、次から次に学習塾の看板が見えてくるのです。さすがに驚いて園長先生に伺ってみたところ「今は小学校の頃からみんな塾に行って勉強しているんです。大変なことです」とおっしゃっていました。大自然の多い地域でも、今の日本では小さい頃から勉強しているんだと知って、正直ショックを受けました。私も田舎育ちですが、子供の頃はほとんど勉強をした記憶がありません。もちろん学校の授業はよく聞いていましたが、むしろ外で遊ぶことで、人とのコミュニケーションや自然界のしくみなどを実地で学んでいたような気がします。

勉強するのはもちろん大切なことですが、小さな頃から勉強ばかりに偏ってしまうと、その代償として、脳の発達に大切な運動の時間が奪われてしまいます。学習能力を高めるために勉強しているのに、運動しないのであれば、本末転倒かもしれません。また、最近では4〜6歳にもかかわらず、親が楽だからとベビーカーに乗せて買い物をしている親子を見かけることがあります。一番体を動かすことが必要な時期に、ずっと座っていることは、子供の大切な能力を奪ってしまうことになってしまいます。

大学生を対象にした研究でも、成績優秀な人は、優秀でない人に比べて活発な運動をしている人が多いことも報告されています（*5）。運動は私達の頭の回転を速くする素晴らしい習慣です。是非、親子で楽しみながら体を動かすようにしてみてください。

**参考情報**

凸凹など起伏のある山のような園庭がある幼稚園や保育園で育った子供は、運動能力が高いことも報告されています（*6）。平坦な園庭よりも地表に起伏のあるほうが子供の興味が引き出され、結果として多様な動きを引き出すのかもしれません。

Question No. 03

# 運動能力を高める方法を教えてください

answer

## 声を出しながら運動してみましょう

私がある幼稚園に伺ったときのことです。ちょうど運動の時間で、一人だけ跳び箱を全く跳べない男の子がいました。他の子は跳べるのに、その子だけ全く跳べないのです。しばらく観察していたのですが、どうやら運動に大切な『あること』をしていないようなのです。そこで、その子に駆け寄ってアドバイスしました。その結果、その子はどんどん上達して、数週間後に跳び箱を跳べるようになってしまいました。何と伝えたのでしょうか？実はこのときあるシンプルな秘密を伝えたのです。意外に思われるかもしれませんが、**『声を出しながら運動する』**という方法です。

特に声の中でも、**擬音《ぎおん》（音を表す言葉：オノマトペ／パパッ、スーッ、サクサク、シャキッなど）は運動能力を高める効果がある**ことが分かっています（擬音は音やリズムに近いため、聴覚から運動を司る小脳を刺激して、運動機能を高める可能性が示唆されています）。先ほどの跳び箱を跳べない子供には「トントンパッ！」とリズムを感じながら跳んでもらったのですが、明らかにパフォーマンスが変わります（実際に声に出してもいいですし、心の中で言うだけでもＯＫです）。

これに関して、早稲田大学ことばの科学研究所の藤野良孝氏も述べていますが、一流のスポーツ選手は、よく擬音を使っていることが分かっています（*7）。例えば、アテネオリンピックの砲丸投げで金メダルを取った室伏広治選手は競技のときに「ウガーッツ！！」（？）のような言葉を発しながら投げたことで有名です。テニス界で有名なシャラポワ選手はショットを打つときに大きな奇声を発しますし、卓球界でも多くの選手がポイントを決めると声を出すことが分かっています。実際に選手の人達に話を聞いてみると、声を発しないで競技をすると、何故か調子が上がらなかったり、結果が出にくかったりするというのです。プロ野球界で有名な長嶋茂雄氏も、選手を指導するときの「ピューンときたら、バーンッと打つ」という言葉が有名です。まさに一流の選手は擬音を使うことで、自分のパフォーマンスを上げていることが分かっています。

また擬音がないときと擬音があるときでは、選手のパフォーマンスが明らかに違うことも分かっています（*7）。私の講演会でも「ギューーッ」と言いながら握力がどのように変化するのか試してみたのですが、普段の力の約5～15％上がって参加者の方も驚いていました。

実際に、鉄棒の懸垂《けんすい》や、ゴルフのショット、野球、サッカーなどあらゆるスポーツで使えます。是非親子で一緒に試してみてください。どんな擬音（言葉）を使えばよいかについては、運動の種類によって効果が異なります。いろいろと遊び感覚で試してみると面白いと思います。

Question No. 04

# 音楽を学ばせたほうがいいでしょうか？

answer

## 音楽には言葉の力を発達させ、ストレスを軽減させる効果があります

『将来、音楽の道に進むなら、小さい頃から音楽に触れていたほうがよい』。これは子供の神話の中では有名な話です。これに関しては科学的に真実で、実際に数々の研究者が、幼少期に音楽に触れると音楽の才能が伸びることを示しています。ただ、近年の研究から、

音楽はそれだけでなく、子供の言語能力や心の発達、免疫力まで様々な力を高める効果があることが分かってきました。

ワシントン大学のザオ博士は、9ヶ月の赤ちゃんに音楽に触れさせる実験を行いました。その結果、**音楽は「会話に関する脳の部位」の成長を促進する**ことが分かったのです（*8）。これを支持するかのように、カナダのマックマスター大学の研究グループは、4〜5歳の子供を対象に実験を行った結果、音楽を聞き取る能力が高い子供は、言語能力が高い子が多いということも報告しています（*9）。これまで楽器を演奏する人にはコミュニケーション力が高い人が多いことが示唆されてきましたが、まさに音楽を認識する力は、言葉の力を発達させる可能性があるようです。

更に音楽には健康にもプラスの効果があることが分かってきています。例えば、病院で入院している人達に音楽を聴かせると、病気が回復するスピードが上がったりします。音楽は快感物質である『ドーパミン』を分泌させて幸福度を高めたり、ストレスを感じたときに、ストレスを軽減させる効果があることも分かっています（*10）。

音楽とリズムは太古の昔から人類のそばにあり、私達は常に音楽と共に生きてきました。私も以前は辛いことがあったとき、音楽を聴くと気持ちが癒《いや》されましたが、古代の人達は毎日食べるものさえままならないような大変な日々があったと思います。そんなとき、音楽は私達の脳の深いところに作用して、精神的にも身体的にも満たしてくれたのかもしれません。子供はとにかく歌をよく歌います。それを見るたびに、子供は音楽の効果を全て知っているのかもしれないとしみじみと感じることがあります。

また、**お母さんの声は、子供の脳内に愛情のホルモン『オキシトシン』を分泌させてストレスに強くなる効果がある**ことが分かっています(*11)。お母さんが歌を歌ってあげるだけで、ストレスに負けない子供になる可能性があるのです。

### 参考情報

モーツァルトの音楽を聴くと、頭がよくなるという記事が一時話題になりました。しかしその後、世界中の研究機関が検証した結果、最初の論文で発表されたような顕著な効果を認めることはできませんでした。音楽を聴いているときに一時的に知能は高まることはありますが、その効果を持続することはできず、すぐ元の状態に戻ってしまうことが複数の研究で確認されています(*12)。ただし、思い込みで効果が出る場合があるかもしれないので一概に否定はできないのですが、正しい情報を知ることが大切かもしれません。2018年の研究ではミュージシャンは同じ作業をするときに、脳を効率化してより少ないエネルギーで処理できることまで分かってきています(*13)。

Question No. 05

# 演劇を学ばせたほうがいいでしょうか？

answer

## 演劇にはレジリエンスを育てる働きがあります

現在、世界的な研究から『ＩＱよりも子供に大切な力』があることが分かってきています。それが**『困難を乗り越える力』（専門用語で『レジリエンス』）**です。演劇はこのレジリエンスの力を高めることが近年報告されているのです。

## レジリエンスとは何か？

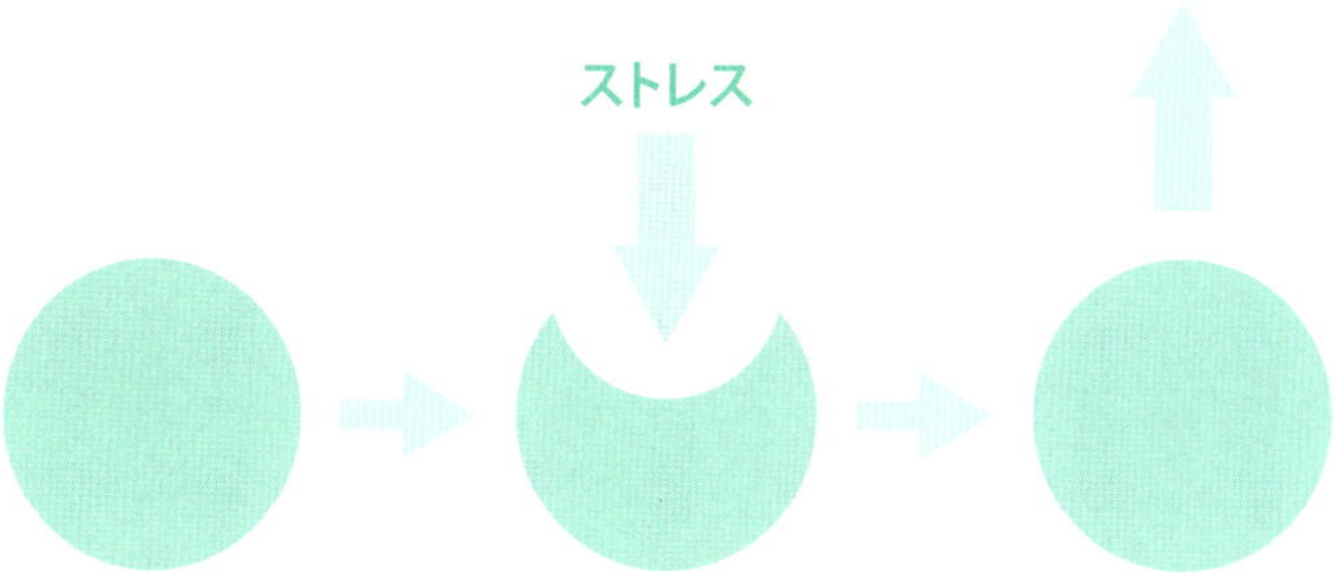


私たちは本来、ストレスがかかったときに跳ね返す力を持っています。
この力のことをレジリエンスと呼んでいます。

演劇の効果について触れる前に、まずレジリエンスとは何かについて説明したいと思います。耳慣れない言葉かもしれませんが、もともと「回復力」「復元力」あるいは「弾力性」という意味で、具体的にはストレスや困難に遭遇したときにそれを「跳ね返す力」としてよく使われています。

レジリエンスの研究は1970年代から始まったとされていますが、近年、災害や事故、暴力などで強い精神的なショックを受けるPTSD（心的外傷後ストレス障害）の研究をきっかけに世界的に注目されました。例えば、米国人の50～60％が何らかの心的外傷を受けるような出来事に遭遇するそうですが、全ての人がPTSDになる訳でなく実際は全体の8～20％とされています(*14)。また、2004年3月11日に起きたマドリッドの列車爆破事件では、ショックな出来事を体験してPTSDになる乗客もいたのですが、一方でPTSDにならない人もいることが報告されています（*15）。この差は何から生まれるのかを検証したところ、どうやら「レジリエンス」が大きく関わってきているということが分かってきたのです。

**レジリエンスが高い人は、ストレスや困難を跳ね返すことができるため、人生そのものがスムーズにうまくいきやすくなる可能性があります。**実際に私もビジネスからスポーツまで各界で成功した人を研究してきましたが、うまくいく人ほど多くの困難を乗り越えている印象があります（つまり、うまくいくためには、多少の困難は必ず乗り越える必要があることを意味しています）。ですから、子供にとっても「困難を乗り越える力」を身につけることは、社会でうまくいくために大切な要素と言えるかもしれません。そのため、このレジリエンスを小さい頃からいかに伸ばすかということが現在世界的にも注目されています。

実はその**レジリエンスが、演劇を学ぶことで身につく**という可能性が示唆されています（*16）。これは不登校経験のある学生が半数ほど在籍する日本のある高校のリサーチですが、演劇を取り入れたパフォーマンスコースを6ヶ月間（1044時間）採用したところ、高校生のレジリエンスが高まることが分かったのです。具体的には、レジリエンスを構成する2つの力、未来を肯定的に考える力（ポジティブ度＋先見力）と新しいことに対して興味を持つ好奇心（積極性）が優位になることが分かりました。演劇を行うと失敗しても新たにやり直すことができたり、いろいろなバリエーションの役を立ち回ったり、ラストに向けて誰がどのセリフを言って自分はどこで出演するのかなどを計算する必要があったりするため、未来を肯定的に計画したり、好奇心が高まるのではないかということが考えられています。

他の研究では、心理学者のE・グレン・シェレンベルクが行った6歳児を対象にした実験があります。その結果、**演劇を習わせた子供達は、顕著に社会適応力がアップしている**ことが分かったのです（*17）。社会適応力には様々な要素がありますが、人の気持ちを理解して周りの人に合わせたり、コミュニケーションをとったりする能力も含まれます。そういった意味で、演劇は困難を乗り越える力を育み、更に総合的な社会適応力まで高める素晴らしい方法になります。演劇というとおおげさかもしれませんが、例えば、おままごとやヒーローごっこなども同じような効果がある可能性があります。子供が何かのフリをして遊んでいるときは、子供の中の大切な能力が育っているかもしれません。温かく見守ってあげてください。

Question No. 06

# ポケモンに夢中です。大丈夫でしょうか？

answer

## 「博物学的な才能」に長けているのかもしれません

講演会でも最も多くの質問を受けることの1つに、「うちの子供はポケモンやキャラクターのカードで遊んでばかりいます。大丈夫でしょうか？」があります。ただ、子供をよく観察してみると、どんなことに楽しさを感じているのかで、その子の才能が分かることがあります。特に、ポケモンなどのキャラクターの名前をたくさん知っている子供は、ハーバード大学の研究で分かってきた博物学的知能（物事を分類するのがうまい能力）が高い可能性があります。

子供の中にはたった1つのキャラクターが大好きな子もいれば、たくさんのキャラクターを集めるのが大好きな子もいます。たくさんのカードを集めるのが好きな子供は、キャラクター同士の共通点や違いを見極めるのが大好きです。この**物事の共通点と相違点を区別するのが得意な能力を、『博物学的な才能』と呼んでいます**（才能の種類については、第1章『得意なことに集中させるべきですか？　好きなことに集中させるべきですか？』で詳しく扱っています）。例えば、植物や動物、恐竜の名前をよく知っている子供がいますが、まさにこれが「博物学的な才能」です。鉄道好き、切手や人形などのコレクターもこの才能が高い傾向があります（大人の場合は、世界遺産が好きな人やワインのコレクター、ブランド品の鑑定が得意な人なども当てはまります）。実はこの才能が高い子供は「分類すること」が大好きなため、将来、たくさんの商品を扱うような仕事や、物事を組み合わせて新しいものを生み出したり、体系化したりする仕事に向いている可能性があります。

この才能が高いと、ビジネスはもちろん、学者などの仕事でも活躍できます。有名なのは進化論を体系化したダーウィンです。ダーウィンは、生物同士の共通点と違いを分析することで、誰も成し遂げたことのなかった素晴らしい理論を生み出しました。

子供が夢中になっていることの中には、たとえ遊びであっても、その子の才能が多分に隠されています。

子供の才能がどこにあるのかを見つけたいときは、是非その子が夢中になっていることを観察してみてください。

Question No. 07

# ゲームをしたがるのですが、やらせてもいいでしょうか？

answer

## 長時間のゲームにメリットはありません。時間を決めてやらせましょう

子供がゲームやタブレットなど電子機器に触る時間は、年々増えているようです。実際に、乳幼児で1日8分、3歳の子供で平均48分、5時間以上触る子供もいるそうです。子供へのゲームの影響については現在数多くの研究が行われています。しかし、ゲームは子

供の年齢やゲームの内容、親との関係や環境によって異なる結果が出てしまうため、何が正しいのかは「その子供によるところが大きい」というのが科学界の最終的な結論かもしれません。ただ、現在、世界的な研究でどんなことが分かっているのかを知ることで、今後の子育てのヒントになると思いますので、簡単に紹介したいと思います。

ゲームの子供への影響については、次頁の表のようにそれぞれメリットとデメリットが報告されています(*18)。他にもデメリットとしては、**人との会話が減ったり、運動量が減ったり、脳への五感刺激が減ったり、睡眠時間が短くなることで、子供の発達に悪影響がある**という報告もあります。またカリフォルニア大学の研究では、数日間だけ子供達の電子機器の使用を禁止したところ、子供の社交スキルがアップしたり、表情を読み取る能力までアップするという報告もあります(*19)。

一方でメリットも報告されています。例えば、ビデオゲームをする人は、**素早く必要なものを見つけるという視覚的な能力が高まる**ことが証明されています(ただし、動きの速いシューティングゲームに限ります)(*20)。また、空間認知力が低い子供に3Dのアクションゲームをさせた結果、立体的な認知テストのスコアが上がることも分かっています。

暴力的なゲームをすると子供が将来どうなるかを調べた興味深い研究もあります。イギリスで1991〜1992年に生まれた1万4000人(有効人数1800人)に関して大規模なリサーチが行われたのですが、その結果、8〜9歳のときに暴力的なゲームをし

## 子供へのゲームの影響

| デメリット | メリット |
| --- | --- |
| 攻撃的な思考、行動に影響 | 視覚空間的な認知の向上 |
| 共感力や思いやりの低下 | 特定の知識やスキルを習得できる |
| 学習成績の低下 | 身体能力を向上させる（運動系ゲーム） |
| 注意力の低下 | ネットゲームは共感力を高める |
| 中毒症状の傾向あり | |

ていた子供は、意外なことに15歳になってもそこまで問題行動を見せる子供は少なく、うつ傾向になるような傾向も見られないことが分かりました（若干ですが、暴力性の部分が増える程度だったそうです）(*21)。

またオックスフォード大学の研究では、イギリス全土の10〜15歳の子供5000人を対象にして大規模なリサーチを行いました。その結果、3時間以上ゲームを行うと、落ちつきがなくなったり、注意力が散漫になったりするのですが、ゲームが1時間以内の場合はそのような子供はほとんど見られないことが分かったのです。むしろ、ゲームが1時間以内の場合は、なんと生活の満足度も高く、かつ、社交的で、ゲームをしない人と比べて幸福度も高いという結果が出ました(*22)。このことから、**長時間のゲームはよくないです**

**が、1時間以内という時間であれば子供にプラスの効果もある**ことが示唆されています（ただし最近のネットゲームは中毒性があることが多いため注意する必要があります）。

長時間のゲームについては、メリットをうたうデータは得られていません。長時間、同じ環境にいることによって、子供が体を動かす時間が極端に減ってしまうため、子供の脳の発達にマイナスに働く可能性もあります（詳しくは、第5章『勉強だけでなく運動もさせたほうがいいですか？』を参照）。ただ、時間を決めてゲームをすることはセルフコントロール力を高めるためにも大切なトレーニングになることがあります。もしどうしても子供にゲームをやらせる場合は、時間というルールを決めてやらせるようにしてみてください。

Question No. 08

# 部屋にこもっていないで外で遊ばせたほうがいいでしょうか？

answer

## できるだけ太陽の下で遊ばせましょう。心身ともに健康になります

最近は日本でも随分と外で遊ぶ子供が減ってきているようです。しかし外で遊ぶということは、運動の観点からも家で遊ぶよりも格段によいですし、脳の発達にとっても大切なことが考えられます（第5章『勉強だけでなく運動もさせたほうがいいですか？』を参照）。**スポーツな**

**ど複数の子供と一緒に行う運動は、社会的な絆をつくるのに大切な役割を果たします**。例えば、社会的に隔離されたマウスは、他のマウスとうまく付き合えなかったり、攻撃するようになることも報告されています（*23）。

また昔から外で遊んだほうが、視力がよくなると言われてきましたが、科学的にも正しいことが近年証明されつつあります。私も最近まで知らなかったのですが、オーストラリア人とシンガポール人の父親、母親のいずれかの70%が近視だそうです。にもかかわらず、子供は近視の割合がオーストラリアのほうが何故か圧倒的に少ないというのです（シンガポール29・1%、オーストラリア3・3%）。何故このようなことが起きるのかを調べた結果、その違いが「外で遊ぶ時間の長さ」であることが分かってきました。オーストラリアの子供は1週間に平均14時間外で過ごしていたのですが、シンガポールは僅か3時間しか外で遊んでいなかったのです（*24）。外で遊ぶ内容は関係ないようで、とにかく**外にいる時間が長い子供は、近視にならないケースが多い**ことが分かってきています。また**太陽を浴びるほど、リラックスの脳内ホルモンを生み出すセロトニン神経が活性化されるため、情緒が安定した子供になりやすい**ことも考えられています。

最近は昔と比べて外で遊ぶ機会が減ってしまいましたが、子供達は外で遊ぶ時間が多いほど、頭がよくなり、健康になり、安定した感情を持ったたくましい子に育っていきます。天気のよい休日などは、お子様と一緒に外に出かけて遊んでみることをお勧めします。

Question No. 09

# 動物を飼いたいようですが、任せても大丈夫でしょうか？

answer

## ペットを飼うと精神的にも社会的にも成長できます

結論から言うと、動物を飼うことは科学的に子供のあらゆる力を伸ばす最高の贈り物になるのでお勧めします。

イギリスのリバプール大学の研究ですが、1960～2016年までに発表された「子供と動物に関連する論文」を大規模リサーチしました。その結果、得られたことは**『ペットは心の支えになるだけでなく、自信を高め、良好な人間関係を築くためのコミュニケーションや社会的スキルを高める』**という事実だったのです(*25)。

動物と一緒に過ごすことは、**子供の健康にもよい**ことが分かっています。フィンランドのクオピオ大学病院のエイジャ・バーグロス博士らの研究グループは、家に犬がいる0歳の赤ちゃんを研究したところ、気道疾患率が31%、耳感染になるリスクが44%も低くなり、抗生物質を処方される確率も29%低くなることを発見しました(*26)。理由については検証中ですが、犬やペットなどを飼っている家ほど、土やほこりなど外からの物質が入り込むため、赤ちゃんの免疫力が高まり、細菌などの感染に強くなることが考えられます。特に犬を1日18時間外で飼っている家庭の子供が最も健康だったそうです。猫でも同じような効果がありますが、犬のほうが感染率が低いことも分かっています。熱帯魚を鑑賞することで血圧が低下するという報告もあります(*27)。

他の研究では、**ペットや植物の世話をする子ほど、学力が高い**子が多い可能性が示唆されています(イェール大学ロバート・スタンバーグ、「知能ハンドブック」)。**ペットの世話をするということは、自分でやっていることに責任を持つということを意味します**。責任を持てる子供は、自分の学業にも責任を持って取り組む傾向があるようです。

私も5歳頃からずっと犬を飼いたかった時代があったのですが、父親が厳しく許してもらえませんでした。今でも忘れないですが、あるお祭りで露天商に立ち寄ったときのことです。ダメ元で親に「ヒヨコを飼いたい」と頼んでみたら、奇跡的に「いいよ」と言ってくれたのです。ただし条件があって「自分で世話をするんだったら飼ってもよい」ということでした。当時の私は、ペットを飼えること自体が嬉しかったため、すぐに承諾しました。それから毎日ヒヨコの世話でしたが、あまりにも可愛くて、毎日が本当に幸せでした。カゴで家を作ってあげたり、餌をあげたり、庭を一緒に散歩してみたり、とにかく世話をすることが幸せでした。それ以来、ヒヨコに快適に過ごしてもらおうと、いろいろな図鑑を読んで寝床を作ってあげたり、遊びを工夫したりするようになった自分がいたように思います。ヒヨコは私が歩くと親だと思って後ろをついてくるため、ヒヨコが楽しめる場所に導いていくことも楽しかったのを覚えています（今ではそれがリーダーシップを育むトレーニングだったなと思うことがあります）。そしてそれが関係しているかは分かりませんが、それから何故か学級委員に選ばれることも多くなりました。もしかしたら、生き物を育てることで、自分が一番成長させてもらっていたのかもしれません。

私達は、機械と接していても幸せを感じられませんが、**自分が好きな動物に触れると、脳の中でも『原始脳』と呼ばれる深い部分が活性化することが分かっています**。現在、世界的に動物に触れるアニマルセラピーが流行っていますが、私達は、可愛い生き物に触れることで、自然と愛の気持ちを育み、幸福度まで高まります。

# Chapter 06

# 男の子・女の子の悩み

Question No. 01

# 男女関係なく厳しく育てたほうがいいですか？

answer

## 厳しすぎると男の子はルールを守らなくなり、女の子は計算高くなる傾向があります

厳しく育てるとどんな子供に育つかという研究は、現在そのほとんどが統計学が主流になっており、全体の傾向は分かっても個人レベルで必ずそうなるということは言えません。ただ、大きな傾向が分かると対策もしやすくなりますので、面白い研究を紹介したいと思

います（昔から育て方が同じでも男の子と女の子で違う性格になることが示唆されてきましたが、それに一石を投じる興味深い研究です）。

2016年7月に独立行政法人経済産業研究所のプロジェクトの成果の一部として発表された研究で、日本人1万人を対象に行われた大規模なリサーチです（*1）。もともと、親のタイプは「①民主型（厳しさと優しさのバランス型）」、「②独裁（厳格）型（過剰に厳しいだけ）」、「③迎合型（優しいだけ）」、「④放任型（ルールもなく子供に関心がない）」の4つに分類されるのですが、どんなタイプの親に育てられるかで、どんな性格の大人が多くなるかということが調査されました。

その結果、**小さい頃に独裁型の家庭で育った男の子は、大人になって「ルールを守る意識が低い」人になる確率が高い**ことが分かったのです（「不正を発見しても速やかに通告しなくてよい」と思ったり、「脱税行為は許される」という人が多い傾向が分かりました）。通常は親が厳しいほどルールを守るようになると思われがちですが、男の子は過剰に厳しい家庭で育つと、真逆になってしまう傾向が分かってきたのです。厳しさは大切ですが、行きすぎるとマイナスの効果が出てしまうということです。

一方で不思議なことに、女の子は独裁型の家庭で育っても、ルールや規律をある程度守る大人になる人が多いことが分かっています。ただし、女の子は厳しすぎる環境にいると、別の副作用が出る可能性があります。アンケートの中で「便宜を図るためにお金を払うべき」や「不正なお金を得るのはやむを得ない」という項目があったのですが、独裁型の親に育てられた女の子ほど、この項目に「その通り」とチェックする人が多かったのです（健全な環境で育った女の子は、この項目について「ＮＯ」を選択します）。つまり、**過剰に厳しい家庭で育つと、女の子は何事も損得を考えて行動したり、計算高い性格（打算的な性格）になる可能性が高まる**ことが示唆されているのです。

もちろん、性格形成は親の接し方だけでなく、環境的な要因など様々な要素が考えられるため、このデータだけで必ずそうなるとは言えません。しかし、子育てを考える上で参考になる情報であることは確かだと思われます。次の項でも触れますが、ある程度の厳しさは子供の能力を高めるために必須のものになります。同じ育て方でも、男の子と女の子では性格が異なる子になってしまう可能性があるという点は注意すべきです（自分はどんな子育てスタイルなのか？　知りたい方は、第９章『理想的な子育てスタイルを教えてください』で紹介している【子育てスタイル診断】を行ってみてください）。

## 参考情報

講 演会でも「子どもに厳しすぎるとよくない」と伝えると、混乱される保護者の方がいらっしゃいます。これについては、江戸時代に活躍した二宮尊徳（1787～1856）が残した言葉が参考になりますので、紹介したいと思います。彼は子育ての極意を次のように表現しています。「かわいくば、5つ数えて3つほめ、2つ叱ってよき人となせ」つまり、子育ての本質は、ほめることと叱ることにあります。そのバランスは『3つほめて、2つ叱ることにある』というのです。実は私がインタビューしてきた子育ての天才と呼ばれる方もほぼ同じようなことをおっしゃいます。是非参考にしてみてください。

Question No. 02

# どうしても可愛いくて甘やかしてしまいます。大丈夫でしょうか？

answer

## 甘やかされて育つと男の子は自制心が育たない可能性があります

最近は少子化もあって、子供が可愛いばかりに甘やかしてしまう父親・母親、そして祖父母の方が増えているようです。しかし、最新の研究から、甘やかすことは子供の大切な能力を奪ってしまうことが示唆されています。

一番分かりやすいのは中国でよく見られる現象かもしれません。中国では1979年から2015年まで一人っ子政策が導入されました。その結果、**両親や双方の祖父母が一人の子供を甘やかす傾向があるため、ワガママで自己コントロールができない子供が増えている**ことが指摘されています（*2）。中国の方が書いた論文の中でも「中国の親が一番心配することは、子供がワガママであることだ」という指摘すらあるくらいです（*3）。また、これは甘やかすことと直接的な関係はないかもしれませんが、実際に中国に住む一人っ子は協調性に欠ける傾向があるという研究も発表されています（実際に脳をスキャンすると一人っ子の子供は、そうでない子供と比べて、他者との関係性から自分を捉える機能に関連する『内側前頭前皮質』という部分が小さいことまで分かっています）（*4）。ただし、一方で中国の一人っ子は、心の柔軟性と創造力に関連する頭頂葉という部分の灰白質が大きいため、創造性が優れているということも報告されています。

また、日本の研究からも、**甘やかされた家庭環境で育った男の子は、健全に育った子と比べて、大人になってからルールを守らず、しかも、お金のことばかり考えて取引をする大人になる（打算的に考えるようになる）確率が高くなる**ことが示唆されています（*1）。ちなみに、お金のことばかり考える人は幸福度が高まりにくいため、幸せな人生になりにくいことが分かっています。

ただし、**女の子の場合は、甘やかしても男の子のようにはならない可能性が示唆されて**

**います**。女の子は甘やかしても親の意図を汲んでそれなりに育ってくれますが、男の子は甘やかすと調子に乗ってしまうという傾向があるのかもしれません（ただし、女の子は甘やかしすぎると、将来親の面倒を見たいと思う気持ちが少なくなることも示唆されています）。

幼稚園や保育園の園長先生からも「最近は男の子を甘やかす親が増えていて困っています」という話をよく伺います。男の子は女の子と比べて、脳の発達の関係で、周りの空気を読みにくい傾向があるため、甘やかすと人に迷惑をかけたり、調子に乗ってルールを守らない自分を誇示するようになったりすることがあります。甘やかすことは本当の愛ではなく麻薬のようなもので、お互いに一時的に気持ちよさを感じるかもしれませんが、長期的に見ると子供の本来の能力を発揮する機会を奪ってしまう恐ろしい行為になります。

実際に甘やかされて育った男の子は、我慢することを知らず、衝動を抑えられないため、ギャンブルや麻薬に走ったり、犯罪に走ったりするケースもあることが報告されています。「厳しさと優しさはどちらが大切ですか？」とよく聞かれますが、結論としては『両方が大切』と言えるかもしれません。「アメとムチ」ではありませんが、厳しさと優しさの双方を子育てに取り入れることで子供は健全に育っていきます。

Question No. 03

# 男の子と女の子の脳の違いを教えてください

answer

## 男性は立体視に優れ、女性は色の識別に優れている傾向があります

昔から、男性と女性は脳の構造が違うのではないか？　ということが言われてきました。

しかし、**現代の脳科学では見た目としてはそこまで大きな差はないことが分かってきています**（昔は、女性のほうが『脳梁《のうりょう》』と言われる右脳と左脳をつなぐ神経線維が太く、気持

ちを理解しやすいという説がありましたが、現在では否定されています。男女でそれほど性差はないことが分かっています）。

ただ、男の子と女の子は明らかに違う世界を見ていることがよく分かる一コマがあります。小さい子供がおもちゃで遊んでいる様子を観察しているときです。実際に3歳の子供に車のおもちゃと紅茶セットなどのおもちゃを渡すと、ほとんどの男の子は車で遊び、女の子はままごとをして遊ぶことが分かっています（*5）。私も実際に幼稚園や保育園などで試してみましたが、本当にその通りになってビックリしました。更に驚くべきことは、サルでも同じことが起こることです。おもちゃをサルに渡してみると、オスはトラックで遊ぶのですが、メスのサルは人形で遊ぶ頻度が圧倒的に高いのです（*6）。種を超えて、そもそも男女は異なる思考パターンを持っているということを意味しています。

ニューヨーク州立大学ブルックリン校の研究では、女性は色を細かく識別できますが、男性は細かくできない（女性は29色全て識別できるが、男性はできない）ことが発見されています（*7・*8）。あるテレビの実験ですが、夜景を男女に見せると、男性は平均8分見ていたのに対して、女性は44分も眺めていたというシーンがありました。これは、女性のほうが視覚的により様々な色彩が見えるため、夜景がより美しく見えていることを示唆しています。男性に「口紅はどの色がいいかな？」と聞くと男性は「どれでもいいんじゃない」という人が多い傾向がありますが、もしかしたらこれは男性の色を識別する力が関係して

## メンタルローテーション力

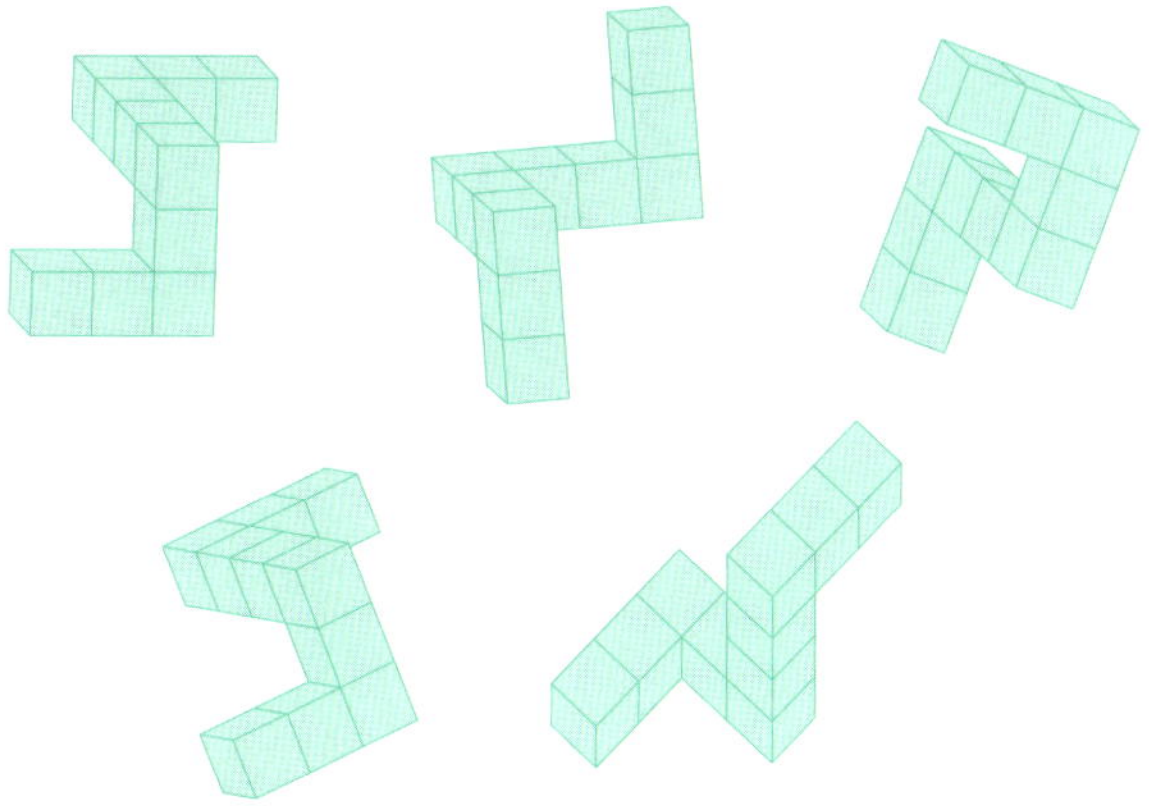

いるのかもしれません。**女性は太古から、赤ちゃんの体調を見極めるために顔色を見る能力が発達してきたと言われています。そのため女の子は色を識別する能力が優れており、男の子と違う世界を見ている可能性があります。**

　男女の差が大きいことで最も有名な例は『メンタルローテーション力』という空間認識の力です。上の図を見てもらいたいのですが、この中で1つだけ違う形をした立体があります。分かるでしょうか？　正解は「右上」の立体です。

　頭の中で物体を回転させる力のことを「メンタルローテーション力」と言います。実は、**男の子は生後3〜5ヶ月で、物を回転させても元の物体と同じものだと分かりますが、女の子はほとんど分かりません**（*9・*10）。また、この差は小学生までは大きくありませんが、成長するにつれてその差が広がることが分かっています（*11）。昔から「女性は地図を読むのが苦手」と言われますが、科学的にも正しいことが分かってきたのです（もちろん、これも確率論ですので、女性でも圧倒的に空間認知力が高い人もいらっしゃいます）。

また、男の子は女の子よりも活発で、攻撃的な行動をしやすい傾向もあります（*12）。これは古来から男性は狩猟をしたり、他の部族から身を守るために戦ったりするために必要な性質だったため、時間をかけて発達してきたのかもしれません。

ちなみに、メンタルローテーション力は、数学の力とも関係していると言われています。この力を伸ばすための方法としては、３Ｄのビデオゲームが有効との報告もあります。またスポーツをする人ほど、メンタルローテーション力をはじめとした空間認知力が優れている人が多いことも報告されています（*13）。

まだまだ研究中ですが、もともと男女の脳は違う性質があるため、男の子と女の子ではそれぞれ育て方を変える必要性も示唆されています。ただし、焦ることなく、それぞれの特性を活かすことが大切になってきます。一人一人の子供の特徴を見守ってください。

## 参考情報

最新の研究で女性の脳は人生の中で2回大きく生まれ変わることが分かっています。1回目は初潮を迎えるときです。このとき、脳の中の記憶を司る海馬の神経のつながりが25%成長する（頭の回転もよくなる）ことが分かっています。2回目は子供を産んだときです。このとき脳の構造そのものが変わり、特に人に共感する部分（灰白質）の神経活動がより効率化して、空間認知力、記憶力まで高まることが分かっています（*14）。特に子供を産んでからの女性の変化は、その後も更に2年間続いていくそうです。女性の脳は常に進化していきます。女性は本当にすごい！と感動する瞬間です。

# 子供が幸せな結婚生活を送れるようにする方法はありますか？

answer

## 愛情をたっぷり受けて育つと幸せな結婚生活を送れるようになります

「子供に幸せな結婚生活を送ってほしい」。これは多くの親が切に願うことと思います。これに関して、カリフォルニア大学の研究で女の子の結婚について興味深いことが発表されています。**『愛情を受けて育った女の子は、95％が結婚している』**という事実です。研究チームが、当時21歳だった女性を30年間も追跡調査した結果、下記のような結果が分かりました。

両親の愛情を受けて育った女性　↓　結婚率95％、離婚率25％
両親の愛情を受けなかった女性　↓　結婚率75％、離婚率50％

特に**女の子は、愛情たっぷりに育つと、相手のことを考え、前向きな女性に育ちます**。離婚率も半分に下がることから、よいパートナーとも巡り合いやすくなることが考えられます。私は仕事柄、恋愛の分野でうまくいく人とそうでない人にお会いする機会があるのですが、恋愛でうまくいかない人ほど、両親の仲があまりよくなかったり、親のことが好きでなかったりする傾向があることが分かっています。「子は親を映す鏡」と言われますが、結婚に対するイメージが悪いと、その通りの人生が実現しやすくなります。子供にパートナーの悪口を言ったり、喧嘩が多かったりすると、その記憶が子供の中に刻まれ、結婚に対するマイナスの固定観念を作ってしまいます。

お父さんとお母さんがお互いをほめ合い、支援し合えるような素晴らしいパートナーシップを築くと、子供は素晴らしい人生を送ることができるようになります（第9章の「夫婦間の悩み」でも、夫婦の仲がよくなる方法について詳しく扱います）。

# Chapter 07

# 子供の環境の悩み

Question No. 01

# 子供に影響を与えるのは、遺伝でしょうか、環境でしょうか？

answer

## 遺伝も大きいですが、環境の影響も大きいことが分かってきました

**子供は「遺伝」と「環境」の両方から影響を受けることが分かっています。**遺伝の影響が大きいことで有名なものは、指紋のパターンや身長、体重などの身体的特徴になるでしょう。一卵性双生児を見るとよく分かりますが、DNAが同じだと見た目は区別がつかない

ほどそっくりになります（ただし例外もあるようで、若干ですが環境の影響も受けるようです）。しかし、近年になって遺伝子は生まれた後でも変化できるという現象（エピジェネティクス）が発見されたことから、最近は特に環境面の重要性についても注目されています（詳しくは序章の『産後のことを考えて、妊娠中からダイエットしたほうがいいですか？』、『「抱き癖」がつかないように、子供の抱っこはほどほどにしたほうがいいですか？』、第1章の『父も母も平凡な人間です。優秀に育つでしょうか？』を参照）。

環境がいかに重要かについては、**『周りにどんな人がいるか（どんなイメージをするか）によって、性格や思考パターンが影響を受ける』**ということが近年注目されています。ドイツの研究では、有名な大学教授をイメージしてから常識問題を解いてもらうと、フーリガン（サッカーの応援に熱狂的で暴力的な人達）のことをイメージしたグループよりも、常識問題の正答率が30・4％もアップすることが分かってきました[*1]。私達の脳はイメージ通りにその能力を発揮しようとする性質があるため、暴力を働くような人達（知性が低いと思われやすい人達）をイメージしてしまうと本当に知性が下がってしまうようです。他の研究でも、学習能力が高い子供のグループの中にいると、自然と学習能力が高まることも分かっています。

**体型も身近にいる人から影響を受ける**ようです。2015年、ドイツのフリードリッヒシラー大学のティム・ドーリング博士らの研究チームは、太っているウェイターに接客されるお客ほど、17・7%アルコールを摂取する確率が高まり、デザートにおいては4倍も頼む量が多くなることを発見しました（*2）。つまり、太っている人がそばにいると、太っている人の考え方や行動に似てくるということを意味しています。また、頭がよい母親に育てられた子供は、数学の成績がよくなることが分かっています（第9章『子供を成功に導く方法を教えてください』を参照）。よく自分は変わらずに相手のことばかり変えようとする人がいますが、それは脳科学的な観点から言うと効率が悪いのです。子供が変わるためには、まず私達大人が変わることが一番早いことが分かっています。子供にとって一番大切な環境は私達大人の存在です。まずは大人が変わることを意識してみてください。

### ……参考情報

小さい頃に親がいないとすぐに不安になる子供もいれば、親がいなくても大丈夫な子供もいます。これは遺伝子の形を見ると予測できることが分かっています（『5－HTTセロトニン受容体』という遺伝子が長いほど安定した感情を持ちやすい傾向が分かってきています）（*3）。不安定な感情を持つ子供については、小さなときから肌に触れてあげたり、安心できる言葉をたくさんかけたりするなど環境的な要因で満たしてあげると、大人になって大きな花を咲かせるようです。

Question No. 02

# 子供のために恵まれた環境を与えてやるべきでしょうか？

answer

## 恵まれすぎた環境は子供から創造力を奪う恐れがあります

以前、ある幼稚園の先生から「園内の水道でずぶ濡れになってしまう子供がいて困っている」という話を伺いました。詳しく話を聞いてみると、最近は手を当てるだけで水が出る自動式の蛇口が普及していることから、幼稚園の水道だと子供が水量を調節できず困っているということでした。実は蛇口をひねって水量を調節するという行為は、脳の抑制ニューロンの発達に関係していることが示唆されています。蛇口を回したいという衝動を抑えて、適量になるように回すためには、子供の脳の発達（特に衝動抑制の力）が必要となるからです。しかし、**自動で水が出るような恵まれた環境にしてしまうと、抑制ニューロンが活躍する機会が少なくなり、子供の健全な発達を阻害してしまう可能性がある**のです。

あまりにも恵まれた環境は、子供の脳を退化させる可能性もあると指摘されています。最近は少子化によって、子供におもちゃをたくさん買い与える親がいるようですが、おもちゃを与えすぎると『子供の創造力』を奪ってしまうことが研究から示唆されています。

私がビジネスで成功した人にインタビューすると、幼少期に「おもちゃをほとんど買ってもらえなかった」という話をする方が多いことに気づきました。おもちゃがなかったことによって、自分で遊びを生み出したり、友達とルールを変えて遊んだり、いろいろなアイディアを考えるきっかけになったと言う人が多かったのです。最近は音までリアルに再現するような銃のおもちゃや、映画（アニメ）のキャラクターを忠実に再現したおもちゃがありますが、そういった凝ったおもちゃばかりを与えると、子供の本来の能力を奪ってしまう可能性があります（実際に私も子供に実験してみたことがあるのですが、凝ったおもちゃは明らかに遊びのバリエーションが少なくなって驚きました）。

昔の日本はおもちゃのようなものはほとんどなく、物質的にも恵まれない環境だったそうです。それでも日本はノーベル賞受賞者など素晴らしい創造性を持つ人を数多く輩出してきた実績があります。私達は、物が限られているときや時間的に退屈なほど、自分がもっと楽しめるようにどうやら創造力を使うようです。**凝ったおもちゃは一見すると楽しいのですが、たくさんありすぎると子供は遊ぶだけで忙しい状態になってしまいます。その結果、創造力を発揮する機会がなくなってしまうかもしれない**のです。

他の研究では、8～20歳を対象にしてリサーチを行った結果、**『自尊心の低い子供ほど、物をたくさん買っている傾向がある』**ことも報告されています（*4）。物にたくさんお金をかけると、そのときは幸せになりますが、その幸福は長続きしません。幸せを感じたいがために、更に買い物をしますが、しばらくするとその幸せは再び消えてしまいます。そのような行動の繰り返しでは、子供に本当の意味での自信を育むことはなかなかできないかもしれません。

日本で最も有名な幼稚園の1つとも言われる「ふじようちえん」を見学させていただいたときのことです。電球をスイッチ式ではなく昭和時代にあった紐式にしてみたり、わざと隙間風を教室に入れて快適にしないようにしたりと、便利ではない環境を敢えて導入していました。加藤園長に話を伺ってみると「子供達の成長を促すためには不便なほうがいいんです」とおっしゃっていました。やはり一流の人は、一流の環境をつくるのもうまいなど感じた瞬間でした。便利な世の中はいいこともありますが、あまりに便利になりすぎると、私達の大切な力を奪ってしまうことがあるのです。

### ……参考情報

子育ての天才と言われる人は『物よりも体験にお金を投資する』ことが分かっています。湘南美容クリニックの創業者の相川佳之氏は、あるインタビューで「父は物は買ってくれませんでした。でも体験にはたくさん投資してくれました。物は人を成長させないが、体験は人を成長させる」と述べています。可愛い我が子には、物を買ってあげるよりも、キャンプに行ったり、動物に触れさせたり、新しい体験をさせてあげることが最高のプレゼントとなります。

Question No. 03

# 子供の学力を高めるために準備できることはありますか？

answer

## 自宅に多くの本がある環境では、子供の学力が高くなる傾向があります

子供の学力を高めるために、塾だけに通わせようとする親が最近多くなったように感じます。もちろん、勉強することで学習能力を伸ばすことはできるのですが、それだけでは子供の能力を最大限に引き出すことは難しいことが近年の研究から示されています。運

動をすることや音楽に触れる環境など、様々な要素を通して学力は伸びやすくなることが分かっています（詳しくは第5章「情操教育の悩み」を参照）。

2019年の研究では**『自宅にある本の数が学力を決める可能性がある』**というリサーチが発表されています（*5）。オーストラリア国立大学とネバダ大学が25〜65歳の16万人を対象として国際成人力調査を行ったのですが（2011〜2015年）、たくさんの本に囲まれて育った子供は中卒程度でも、本がほぼない家で育った大卒の人と同程度の学力（特に「読み書き」、「算数」、「IT能力」）という衝撃の事実まで分かったのです。自宅に80冊あった場合は平均的な成績になり、自宅の本の数が多いほど、テストの成績がよい子が多いことが判明しました（350冊以上になると頭打ちになるようです）。

この調査結果は必ずしも、本を自宅にたくさん置けば子供の頭がよくなるという因果関係を示したものではありません。自宅に本がたくさんあるということは、親がそもそも本が大好きという可能性があります。親が楽しく本を読んでいる家庭では、自然と子供が本に対して興味を持ちやすい可能性もあります。また、本に囲まれるという環境が、子供の本に対する興味を引き出す可能性もあるかもしれません。

ちなみに国別の自宅にある書籍数のランキングも出ていて、日本は102冊で18ヶ国中14位となっています。近年、日本の活字離れが深刻となっていますが、学力の基本は全て言葉の力から生まれます。その源となる本は大切なのです。

Question No. 04

# 子供の創造性を育むにはどんな環境をつくるといいですか？

answer

## 自然に触れるなどたくさんの新しい体験をさせてあげましょう

子供の創造性を育むためには、様々な方法があります。例えば、少しだけ散らかった部屋にする時間を設けたり（第3章『子供部屋がいつも散らかっています。片付けたほうがいいでしょうか？』を参照）、できたことに対して報酬を与えないようにしたりすることも大切になってきます

（第4章『やる気を起こさせるためにご褒美をあげたほうがいいでしょうか？』を参照）。凝ったリアルなおもちゃよりもシンプルなおもちゃで遊ばせること（第7章『子供のために恵まれた環境を与えてやるべきでしょうか？』を参照）も大切になってきます。子供が夢中になって遊んでいるときは、創造力を十分に膨らませてあげるために、親が干渉しないことも大切になってくるかもしれません。

1998年に発表された**『緑を見るだけで、子供の創造性が伸びる』**という研究も注目されています（*6）。イリノイ大学アンドレア・タイラー博士の研究ですが、緑のある庭とコンクリートの庭で子供に遊んでもらうと、緑のある庭ほど子供達が遊びを工夫することが分かってきたのです。また、携帯やスマートフォンなどの電子機器を離れて、3日間緑のある自然の中で過ごすと、創造性がなんと50％もアップすることが報告されています（*7）。しかも、この効果は18～60歳までの参加者全員に同じように得られたそうです。

緑というのは、太古の原始時代、人類にとってそばに水があるということを意味していました。そのため、緑を見ると脳が安心してリラックス状態になることが考えられています。更に緑には病気の回復率を高めたり（*8）、犯罪を減らしたりする効果（緑のある地域は盗難が48％、暴力事件は52％減る）があることが分かっています（*9）。

創造性は、子供を自由に遊ばせるだけで発達すると思っている方もいらっしゃいますが、決してそうではないかもしれません。以前、私は特許庁にもいた関係で常に最先端の技術に触れてきました。その経験からも言えることなのですが、新しいアイディアというのは、全くゼロから生まれたものは存在しないのです。新しく見えたとしても、実は既存のアイディアの組み合わせでできていることが分かっています。例えば、ＡＩと自動車が組み合わさって「自動運転」という概念が生まれたり、ナノテクノロジーと医療が組み合わさって「副作用の少ない次世代の抗ガン剤」が開発されたり、インターネット技術と電話が組み合わさって「スマートフォン」が生まれたりと、必ずこの世の中の新しいアイディアは、2つ以上の要素が組み合わさってできていることが分かっています。

つまり、創造性は既存の知識や技術のバリエーションを知らなければ、発想がどうしても伸び悩んでしまうということを意味しています。実際に、子供の研究でも遊び方を何も教えないまま遊ばせたグループと、複数の遊び方を教えたグループでは、圧倒的に後者のほうが新しい遊びをする数が増えることが分かっています（*10）。子供を見守るだけではなく、**こんな遊びもあるということを知ってもらうことも創造性には必要になってきます。**

大人が子供に新しい遊び方を教えてあげたり、これまでに体験したことのないスポーツや遊具を一緒にやってみたり、行ったことのない場所（動物園、博物館、遊園地など）に連れて行ってあげたりと、とにかくたくさんの新しい世界を体験させてあげてみてください。子供は発想が豊かなので、そこから思いもよらない創造力が生まれるかもしれません。

Question No. 05

# ストレスに強い子に成長させる方法はありますか？

answer

## 旅行をさせるとストレス耐性が強くなります

ストレスに強い子供にするためには、肌に触れたり（序章『「抱き癖」がつかないように、子供の抱っこはほどほどにしたほうがいいですか？』を参照）、日記をつけたり（第3章『子供にさせるとよい日課はありますか？』を参照）、努力をほめたり（第4章『「ほめる教育」が流行のようです。何でもほめたほうがいいのでしょうか?』を参照）、動物に触れたり（第5章『動物を飼いたいようですが、任せても大丈夫でしょうか?』を参照）と、様々な方法があります。

現在もストレスに強くなるための研究については、世界中で行われているのですが、その中でも、カリフォルニア大学のエペル博士らが発表した驚くべき研究があります。私も初めて聞いたときは耳を疑ったのですが、なんと**『旅行に行くことで遺伝子が活性化してストレスに強くなれる』**というのです（*11）。研究グループはまず瞑想習慣のない女性を集めて、リゾート施設で6日間過ごしてもらいました。そして、リゾート施設で過ごす前後で、被験者の血液を採取して、遺伝子の活性化を調べてみたのです。すると、リゾート施設で6日間過ごした人達の遺伝子のほとんどが高度に活性化していることが分かりました。しかも、遺伝子そのものが変化（エピジェネティクス的に変化／詳しくは第1章の『父も母も平凡な人間です。優秀に育つでしょうか?』を参照）しており、その結果、ストレスに対する耐性も強くなり、免疫機能も高まることが分かりました。これを研究者達は**『バケーション効果』**と呼んでおり、1年に6日間は休暇を取るように推奨しています。

私の周りでも、子供が風邪をひきやすかったり、喘息《ぜんそく》気味だったりという人がハワイに行くと症状がなくなるという話をよく耳にします。まさに遺伝子が活性化しているからなのかもしれません。遺伝子が活性化すると、ストレスにも強くなり、病気にもかかりにくくなり、更に毎日の気分もより爽快に感じやすくなります。また旅行はアルツハイマーの原因βアミロイドまで減少させる効果も示唆されています。

また最新の研究で、実際に旅行に行かなくても、**旅行の計画を立てるだけでも幸福度がアップする**ことも報告されています（*12）。旅行に行った後の幸福感は2週間ほどしか続きませんが、旅行の計画を立てるとその幸福感は約8週間も続くそうです。私達は幸福感が高いとき、ストレスに強くなることが分かっています。ストレスに強い子供に育てるためにも、旅行の計画は最高の方法の1つかもしれません。昔から「可愛い子には旅をさせよ」という言葉がありますが、家族みんなが健康で充実した日々を過ごすためにも、年に一度は旅行の計画を立ててみてはいかがでしょう。

Question No. 06

# 子供が夜遊びをして、キレやすくなった気がします。何故でしょうか？

answer

## 夜に明るい光を浴びると眠りが浅くなり、ネガティブな感情を誘発します

最近、夜9時を過ぎても飲食店やコンビニに子供がいる光景をよく見かけるようになりました。特にコンビニの店内は明るい照明が多いのですが、**夜に明るい光を浴びると、睡眠ホルモン（メラトニン）が分解されて、子供の眠りを浅くする**ことが分かっています。

**浅い眠りは前頭前野の活性（意思の力）を下げてしまう**ため、より小さなことでイライラしやすく、学習能力にも影響を与えてしまうことが考えられます。また夜遅くまで起きていると、睡眠時間まで短くなる傾向があります。**睡眠不足は脳の扁桃体《へんとうたい》で発生するネガティブな感情を誘発する効果がある**ため、怒りの感情が生まれやすくなります。カナダのモントリオール大学の研究では、子供の睡眠不足は、衝動性を高めたり、脳の発達における認知力の低下を引き起こしたりすることも示唆されています（*13）。

睡眠時間については世界的なリサーチがあって、シンガポールの国立大学健康システムが0ヶ月から3歳までの乳幼児の保護者約3万人（世界中）に調査を行っています（*14）。その結果、世界17ヶ国中、子供の睡眠時間が長かったのはニュージーランド、イギリス、オーストラリア（13時間以上）で、ワースト3は日本とインドと韓国でした（12時間以下）。特に日本は17ヶ国で最も短く、睡眠時間は11・6時間という結果でした。

近年、日本は共働きの夫婦が増えたこともあり、昔と比べると子供達の寝る時間が遅くなる傾向があるようです。就寝時間が遅くなると、成長ホルモンが十分に分泌されにくくなるため、子供の脳の発達に影響が出てしまう可能性もあります。夜寝る前のスマートフォンや携帯ゲーム、テレビも同じようにメラトニンを分解する作用があります。特に夜寝る前は、蛍光灯のような明るい光ではなく、間接照明のような弱い光の部屋で過ごされることをお勧めします。

Question No. 07

# 子供を成功に導く習慣で重要なことを教えてください

answer

## 朝食を食べる習慣のある人は学力も高く成功する割合が高くなります

子供が将来大人になって成功するためには、「自制心（困難を乗り越える力）」、「創造力」、「コミュニケーション力」、「自分の才能を知る能力」などの非認知スキル（学力よりも大切な目に見えない力）を身につけることが必要となってきます。そのため、ごっこ遊びをできるような環境を作ってあげたり（第5章『演劇を学ばせたほうがいいでしょうか？』、第8章『子供の自制心を高める方法を教えてください』を参照）、自宅にリアルなおもちゃをたくさん置かないようにしたり（第7章『子供の創造性を育むにはどんな環境をつくるといいですか？』を参照）、自宅に本をたくさん置くようにしたり（第7章『子供の学力を高めるために準備できることはありますか？』を参照）、十分に体を動かすことができる環境を与えてあげたり（第5章『勉強だけでなく運動もさせたほうがいいですか？』を参照）など、様々な環境を整えてあげることが大切になってきます。ただ近年その中でも子供の将来に影響するものとして、「朝食をとる」という習慣が注目されています。

これは東北大学の加齢医学研究所／スマート・エイジング国際共同研究センターのチームが行った研究なのですが、**『朝食を食べる習慣がある人は、学力も高く社会的に成功している割合が多い』**ことが分かってきました（*15）。この研究では、全国の現役大学生400名と社会人500名を対象に、朝食をとる習慣についてリサーチしました。その結果、朝食をとる習慣がある人は偏差値65以上の大学に合格する確率が1・5倍に高まり、現役合格する割合も7割になることが分かったのです。また、年収1000万円以上のビジネスパーソンでは実に82％の人が朝食をとる習慣があり、第一志望の仕事で活躍している勝ち組のビジネスパーソンは84・6％も朝食をとる習慣があることが分かりました。私達の脳は、体全体のカロリーの約25％を消費することが分かっています。朝は特にエネルギーが不足しているため、食事を通して栄養を補うことでより高いパフォーマンスを発揮することができるようです。また、**砂糖を含む水を飲むよりも、バランスのよい食事をするほうが脳の活動を活発にすることも示されています**（*16）。

Chapter

# 08

# 子供の心の鍛え方

Question No. 01

# プライドの高い子に育てたほうがいいでしょうか？

answer

## 過度なプライドはマイナス。謙虚なほうが伸びしろがあります

「プライドを持って生きなさい！」。昔はこのようなことを言われた方も多かったのではないでしょうか？　私自身も小さい頃からそう言われて育ってきました。プライドというとプラスのイメージを持つ人も多いのですが、実は最新の研究から、**プライド（自信や自**

**尊心）は持ちすぎてしまうとマイナスの効果がある**ことも分かってきています。

これは複数の研究でも分かってきているのですが、自分が優秀であるという自信があまりに強いと、子供は勉強をしなくても大丈夫だと思いやすく、中高大学に上がるにつれて学力が落ちていく傾向があることが分かっています。小さい頃に「神童」と言われた子供が、大きくなって平凡な人になるというのはよく聞く話です。実は大きな自信はその人を慢心させて、新しいことにチャレンジする意欲を奪ってしまうことがあります。ある程度の自信は必要かもしれませんが、何事も度を超えると害になってしまうということかもしれません。

これは私が実際にビジネスで大成功されたある有名な経営者とお会いしたときのことです。「大成功されて、すごいですね！」と伝えると、「いえいえそんなことはありません。成功したなんて一度も思ったことがないんですよ。私はまだまだ足りないですから」とおっしゃるのです。他の成功された方々にインタビューしても、ほとんどの方が（特に幸福度が高い人ほど）同じようなことをおっしゃるのです。研究でも分かってきているのですが、**自分はまだまだ伸びるという謙虚さを持ち合わせている人ほどビジネスやスポーツなどあらゆる分野でうまくいきやすい**ことが分かっています。カリフォルニア大学の研究でも、自分の能力は生まれつきのものだと思っている人よりも、『自分にはまだまだ無限の可能性が眠っている、頭は使えば使うほどよくなっていく』という意識がある人は、難しい問題にも積極的にチャレンジするようになり、長期的に成功しやすいことが分かっています（*1）。

近年、ゆとり教育の影響なのか分かりませんが、プライドの高い若者が増えていると聞きます。私が企業に研修に行ったときに伺った話です。ある会社のマネージャーが若い新人に写真の撮影を頼んだことがあったそうです。写真自体はそこそこ撮れていたので感謝の気持ちも含めて「写真よく撮れてたよ」とほめたのですが、それに対して「やっぱりそうですか。写真には相当自信がありますから！」と自信満々の言葉が返ってきたそうです。このような人は今の自分に慢心している可能性が高いため、結果的に、写真だけでなくあらゆる能力の成長が止まってしまう可能性があります。実際に1年後に話を伺ったところ、その人は仕事でも伸びなやんでいるということでした。自信があるのはいいことですが、そこで成長が止まってしまうと、どんな分野でも長期的にうまくいきにくくなってしまいます。

これからの時代は、ＡＩの普及によって、仕事も今では考えられない新しい形になっていくことが予想されます。そんな時代においては、今の自分に慢心せず、常に自らを成長させて、新しい領域にチャレンジしていく人ほど伸びていきます。自信を育むことは大切ですが、それよりも成長していくことの喜びを教えることが、大切になってくるでしょう。

Question No. 02

# 子供の能力を伸ばす心の持ち方を教えてください

answer

## 自制心が強い子供は知力が高く、将来の社会的な地位も高くなります

現在、学力よりも大切な目に見えない力『非認知スキル』が話題になっています。非認知スキルには、コミュニケーション力から創造力、物事をポジティブに捉える能力まで様々な力がありますが、その中でも世界的に今最も注目されているのが『自制心（セルフコン

トロール力：欲求を先延ばしにする力）』です。この力が脚光を浴びた1つのきっかけが、米国のデューク大学で行われた1000人の子供を30年にも及び追跡リサーチした大規模な研究です（*2）。これによると、**小さい頃に自制心が低い子供（欲求を抑えて楽しみを待てない子供）は30年後の収入が低く、社会的地位も低い傾向がある**ことが分かってきました。逆に自制心が高い子供は、経済状態と社会的地位が高い人が多くなることも分かってきたのです。

他の研究でも**自制心のある人のほうが、SAT（米国の大学試験）の成績が優秀で、ストレスやフラストレーションへの対処もうまく、集中力も高い**ことが報告されています。

『自分の欲求を抑えて楽しみを先送りできる』という能力は、小学校低学年の算数と読字力のテストの成績を高めることも分かっています（*3）。中学生では、学年末の成績だけでなく、出席率、全国標準学力テストの成績にも比例することが分かりました（米国の研究）。

また、1000人以上の人を15年にわたりリサーチした結果、怒りの感情をコントロールできる子供ほど、知能が高い傾向があることが分かってきました（*4）。つまり、自制心が高いと、学習能力や知能も高まり、将来の収入や社会的地位も高くなるという傾向が分かってきているのです。

こういう話をすると、自制心を伸ばすためにはどうすればよいか気になる方もいらっ

**子供の頃の自制心と30年後の収入の関係**

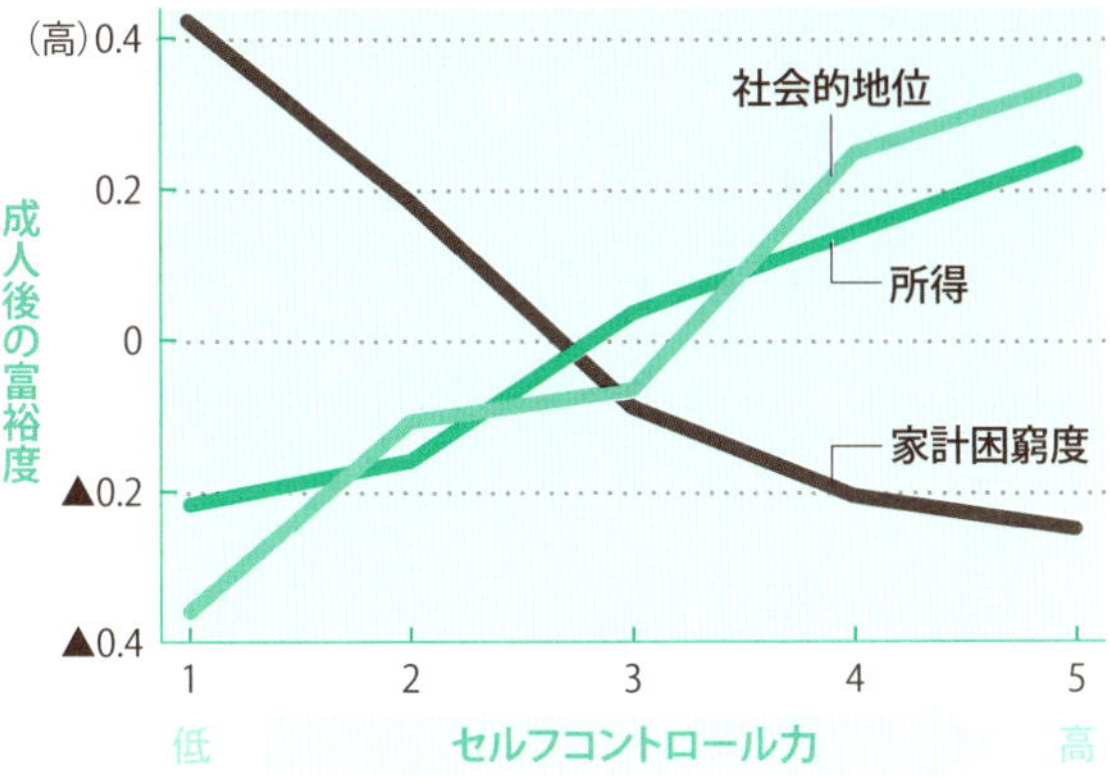


参考文献：Moffitらの論文（PNAS. 2011年）のデータを一部引用

しゃるかもしれませんが、それは次の項（第8章『子供の自制心を高める方法を教えてください』）で詳しく扱っていきたいと思います。

　また、これはあくまでも遊び感覚でやってもらえると有難いのですが、自宅でも子供の自制心の発達が簡単に分かる面白い方法があります。頭と足に触ってもらう簡単な動きで『子供の自制心』を把握する方法です。もともとオレゴン州立大学で開発された手法（*5）を応用して、現在、私が全国の幼稚園・保育園でも実施している簡略化バージョンです。少しドキドキするかもしれませんが、たった1つの動きで子供の将来が予測できますので、是非試してみてください。

## 【子供の自制心レベルが分かるエクササイズ（簡略化バージョン）】

子供に以下の2つの指示を出すゲームをしてみます。

1．大人が「頭」と言ったら、子供に「足」を触ってもらう
2．大人が「足」と言ったら、子供に「頭」を触ってもらう

ステップ1～2をランダムに子供に合計10回行ってもらい、すぐにできたら2点、迷ってできたら1点、できなかったら0点と採点します。合計点が高いほど自制心が高い傾向にあることが予想されます（米国の調査では、満3歳で3点、満4歳で10点、満6歳で18点が平均となりました。日本の平均については現在、私が全国の園を回って分析していま す。将来的に都道府県別などの平均も出せたら面白いと思っています）。このエクササイズでは、子供の「抑制ニューロンの発達」と「ワーキングメモリ」と「集中力」の3つの力を同時に測定できるため、子供の将来の能力をある程度予想することができます。もちろん、子供によって個人差がありますので、スコアが低かったとしても気にしなくても大丈夫です。発達とともに伸びていくことがあります。

Question No. 03

# 子供の自制心を高める方法を教えてください

answer

## ごっこ遊び、音楽に合わせて体を動かす、思いやりを持つなどがあります

4歳の子をできるだけ長くじっと立たせることは難しいとされますが、それが意外と簡単にできる方法があります。それは「交番の警察官のマネをしてみて」と伝えることです。子供は「ごっこ遊び」の一環として伝えると、長い時間同じ姿勢で立っていることができ

ます。子供の自制心は強制してもなかなか身につきませんが、**「ごっこ遊び」というゲームの中では自然とセルフコントロール力を身につけることができる**のです（*6）。

また、**音楽に合わせて体を動かす**ことでも自制心が発達することが示されています（*7）。音楽に合わせて体を動かすためには、自分の衝動を抑制してリズムに合わせなければいけないからです。音楽は気持ちを安定させたり、意欲を育み学習能力まで伸ばすことができるので、相乗効果も期待されます（第5章『音楽を学ばせたほうがいいでしょうか？』を参照）。子供の能力を高めるためには、楽しみながら行うことが一番の秘訣かもしれません。

現在、世界の研究機関がこぞって『自制心（セルフコントロール力）』について研究していますが、この力を高める究極の方法が近年注目されています。偶然発見されたのですが、**『思いやりを持てると、自制心が発達する』**可能性があるというのです（*8）。セルフコントロールを司る脳の『側頭頭頂接合部（次頁の図の丸で示した箇所）』は、私達が「思いやり」を持ったときに活性化することが分かってきました。思いやりを持つとき、ときとして、自分の欲求を抑える必要がありますが、どうやら思いやりを持つと自制心が鍛えられる可能性が高くなるようです。自己中心的な人は、自分の衝動を抑制するセルフコントロール力が弱いため、大きくなってからも成功しにくい傾向があるかもしれません。

私は成功された方とお会いする機会が多いですが、卓越した成果を出している人ほど、自分のためでなく人や社会のために仕事をしている人が多いような印象を受けます。人の

## 自制心が司られる場所

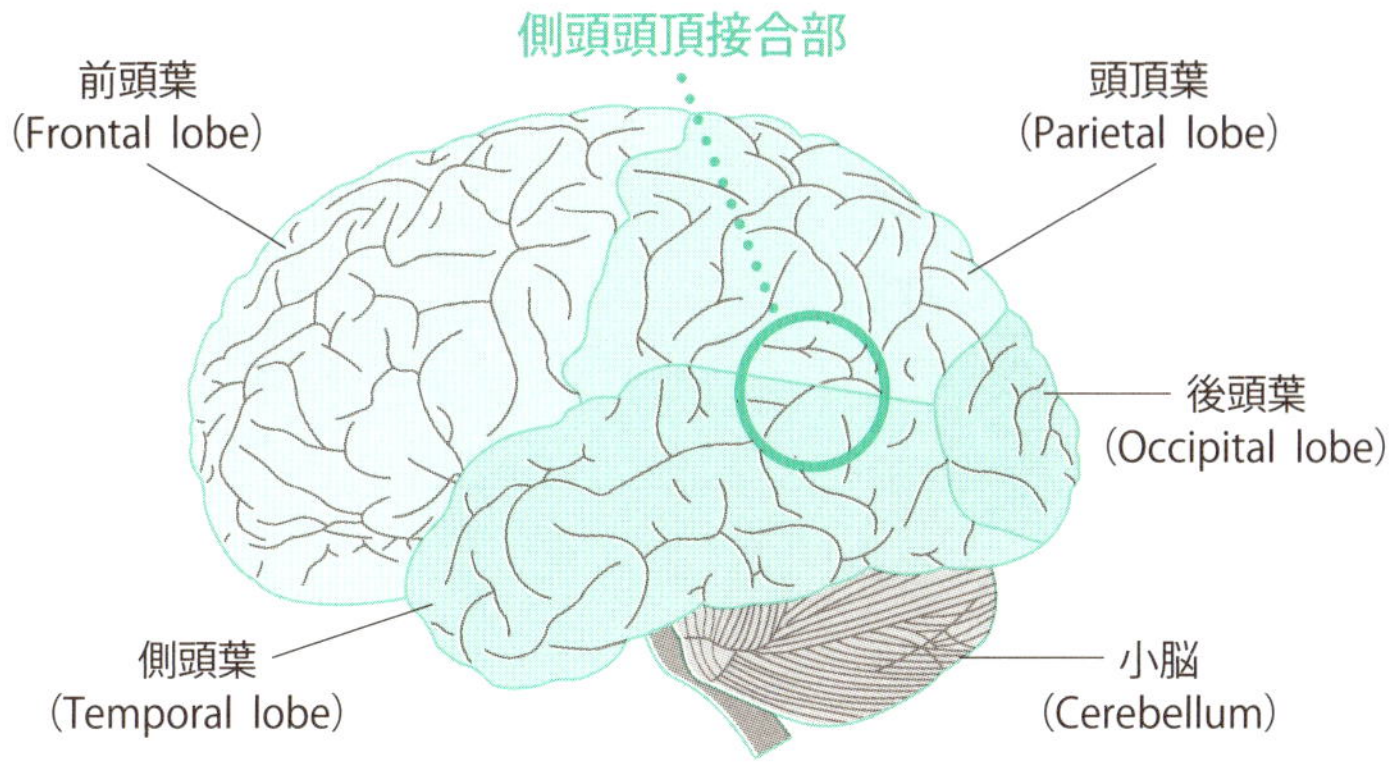


ことを思いやれる人ほど自制心が高く、より社会でも成功しやすくなると言えるのかもしれません。

ハーバード大学は、将来的に学力審査を選択制にして、ボランティアや他者を助ける活動をする人達を評価するということを発表し、世界的にも話題になりました。実現するかどうかは分かりませんが、こういったことをきっかけに、人や社会のために勉強や仕事をする人が増えるといいなと願っています。

Question No. 04

# 子供のメンタルを強くする方法を教えてください

answer

## 幼少期の記憶を定着させるようにすると幸福度と自信が高まります

メンタルを強くする方法は、子供へのほめ方（第4章『「ほめる教育」が流行のようです。何でもほめたほうがいいのでしょうか？』を参照）や運動やスポーツをさせること（第5章『勉強だけでなく運動もさせたほうがいいですか？』を参照）など様々な方法があります。その中でも近年、子供のメンタル（困難を乗り越える力）を強化するための意外な秘密が分かってきています。それが『日々の出来事を思い出せる子供ほど、メンタルが強くなり、問題解決能力に優れている子が多い』ということです（[*9・*10]）。

この現象はもともと『6〜8歳になるまでに3歳以前の記憶がなくなってしまう現象』（専門用語で『幼少期の記憶健忘』）の研究から分かってきました。幼少期の記憶というのはすぐに忘れてしまうのが一般的ですが、**よく思い出せる人ほど、幸福度も高く自信があるる**というのです。ニューハンプシャー大学が10〜15歳の83人の子供達を対象に行った研究でも、より具体的な出来事を思い出せる子供達のほうが、社会問題に関して解決能力が高いことが分かってきています。

自分がどのような人間かというイメージ（セルフイメージまたはアイデンティティ）は、過去にどんな出来事を体験したかという記憶で形成されています。例えば、楽しかった体験が複数あってそれを詳細に覚えている人は、日々の幸福度も高まり人生はうまくいっているという感覚を持ちやすくなります。怪我をしてもそれを乗り越えた経験をよく覚えている人は「自分が困難を乗り越えられる人」と脳が認識しやすくなります。

自信のある人についての研究でも、自信がある人ほどマイナスな出来事が起きたときに、過去の自分のプラスの記憶を思い出そうとする傾向が分かってきています（[*11]）。子供が初めて水に触ったときのことや、動物園に行ったこと、幼稚園に登園したときのこと、がんばってブロックを積み上げたことなどを、親が子供に思い出させてあげることで、記憶をしっかり定着させることが大切になってきます。実際の研究でも、**ある出来事を体験した後に子供に「いつ」「誰が」「どこで」「何を」と質問して体験を親が思い出させてあげると、子供の記憶が定着しやすくなる**ことが分かってきています。

また、**子供に写真を見せることも記憶を思い出させるための手助けになる**かもしれません。私の話で恐縮なのですが、昔から自分は他の人と比べて幼少期のことを詳しく覚えているほうで不思議に思っていました（一番古い記憶では2歳のときのことも覚えています）。最近までずっとそれが何故か分からなかったのですが、1つ思い当たったことがあります。昔から実家には写真をまとめた分厚いアルバムが何冊も置いてあったということです。両親が大切なイベントや日常の写真を撮って常にアルバムにまとめてくれたため、小さいときから私は写真を見るのが大好きでした。写真を見るたびに、海に行って魚を捕まえたことや、山に行って川下りをして楽しかったこと、かけっこで緊張したけど一番になったことなど、昔の出来事を振り返っては幸せを感じていたように思います。最近はスマートフォンなどで撮った画像をすぐに見ることができるため、アルバムを作る人が少なくなってきていますが、子供の自信を育むためにアルバムは最高のツールになるかもしれません。私も子供が2歳を過ぎたので、そろそろ大きなアルバムを作ろうと思っているところです。

Question No. 05

# 子供同士で競争させたほうがいいのでしょうか？

answer

## 他人と競うより、過去の自分と競わせることで成長できます

かつて競争は当たり前のことと捉えられていましたが、最近になって子供の教育の現場では競争は好ましくないものとして扱われている風潮があります。もちろん競争にはよくない面もあるのですが、いろいろな側面があることが分かってきています。

明らかな**デメリットとしては、競争社会にいることで、常に人と比較して生きてしまうこと**かもしれません。自分がやりたいというよりは、人に負けないように、人の上に立つためにやってしまうことがあるため、自分らしさを失ってしまう可能性があります。やりたいことを仕事にするというよりも、地位が高いから、収入が高いからやるということにもつながってしまうかもしれません。また、競争の状態は、脳にとってリラックスできない状態のため、本来のパフォーマンスを発揮しきれずに終わってしまう可能性もあります。

実際に、ブランディス大学の研究でも、7~11歳までの女の子を対象とした実験で、紙片を合わせてユニークな形をつくる作業を競争させると、アイディアの発想力が落ちることが分かっています(*12)。特に**女の子は、競争という環境の中にいると、男の子よりも創造性が落ちてしまう**ため、好ましくないケースがあるようです。

一方で、競争にメリットがあることを示唆する研究もあります。日本の高校でのリサーチですが、**ライバルがいる人は、学習意欲が高い生徒が多く、ライバルがいない人ほど学習意欲が低い人が多い**ということが分かっています(*13)。競争は学習意欲を高める可能性もあるというのです。過剰に競争心を持ちすぎるのは問題かもしれませんが、ほどよい競争心は自己成長の意欲を高める可能性があります。

競争は人間力を高める素晴らしい効果があることも分かってきています。例えば、平《ピョン》昌《チャン》オリンピックの女子スピードスケートで金メダルを獲得した小平奈緒選手と韓国の李《イ》相《サン》花選手《ファ》は、ずっとお互いにライバルとして意識し合った仲だったことは有名です。私もオリンピック当日の試合を見ていたのですが、決勝で2位に終わり泣き崩れた李選手にかけよって、小平選手が抱きしめたシーンは世界に感動を呼びました。その後のインタビューでも小平選手は「もし李選手がいなかったら、今の自分はありませんでした。彼女がいて幸せでした」と語っています。ライバルを尊敬して、お互いに高め合っていく姿は人として本当に美しいと感じた瞬間でした。実際に二人は一緒に食事をするくらいの親友ですが、競争心を持っていたとしても、相手と深いレベルで通じ合い、素晴らしい人間関係まで築くことができるよい例だと思います。

またこれは私の個人的な印象ですが、成功されている人ほど「幼少期の勝ち負けの記憶」が鮮明で、達成したときの喜びだけでなく、敗北感や屈辱感をバネにして更に素晴らしい成果を得ているような印象を受けます。

実は私達の脳はもともと2つのものを比較してしまう性質があることが分かっています（次項の図を参照）。人間というのは自分の周りに人がいると、どうしても比較してしまう動物なのです。「隣の芝が青く見えてしまう」というのも、脳科学的にも正しいことが分かってきています。しかし、うまくいく人達はこの比較の性質を利用して、自分の意識をより高めていることが分かってきました。私もそれを初めて知ったとき感動したのですが、それは『過去の自分と比較する』ということだったのです。つまり、**他人ではなく過去の自**

## 脳は2つのものを比較する

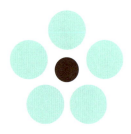

中央の丸はどちらが大きく見えるでしょうか？　正解はどちらも同じです。脳は2つのものを比較する性質があるため、周囲に小さい丸があると、実際よりも大きく見えます（左）。大きな丸があると、実際よりも小さく見えます（右）。

**分と比較することで、もっとがんばろうと考えているのが、うまくいく人達**でした。昨日の自分より今日の自分、今日の自分より明日の自分、至らないことは多々あるかもしれませんが、日々少しずつでも成長していくことで、より素晴らしい状態に変化していくのです。

　全国にフレンチレストランやホテルなどを展開して東証一部上場まで果たしたひらまつグループ創業者の平松博利氏は「10／10の結果、3／3の結果、人は全力を尽くせばみんな1になる、みな平等。だから10の結果を見てうらやむな」という言葉を残しています。

Question No. 06

# できるまで繰り返し練習させたほうがいいですか？

answer

## できる領域から始めて自信をつけ、できない領域に踏み込むほうが伸びます

何か特定のことを身につけたいとき、「できない部分」に集中して練習することが大切だという考え方がありました。しかし、最新の研究から**「できない領域」ばかり行っていると、逆に能力が伸びにくいことが分かってきています。それよりもむしろ「できる領域」**

**から始めて自信をつけてから「できない領域」に踏み込むほうが、子供の能力を無限に伸ばせる**ことが分かっています（*14）。

例えば、みなさんは数字を82桁まで覚えてくださいと言われたら、どのように記憶するでしょうか？　いきなり82桁を覚えようとすると、多くの人は挫折してしまうかもしれません。しかし、最初は簡単にできる領域（5桁）から始めて、できたら1桁増やしていきます。そうすると、いずれ覚えられない桁（例えば、9桁）に到達しますが、そのとき9桁を練習し続けるのでなく、2桁減らして7桁からまた再びやり直してみるのです。そうすると不思議なことに段階的にできる領域が増えて、1週間〜2ヶ月ほど練習するだけで20桁は言えるようになります（ただしトレーニングの頻度にもよります）。

**【82桁の数字を覚える】**

0326443449602221328209301020391832373927788917267653245037746120179094345510355530

実際に米国のスティーブという男性は、この方法を使って「驚異の82桁」を覚えることができました（米国のテレビでも紹介されました）。また、バスケット界のフリースロー

**天才達の秘密**

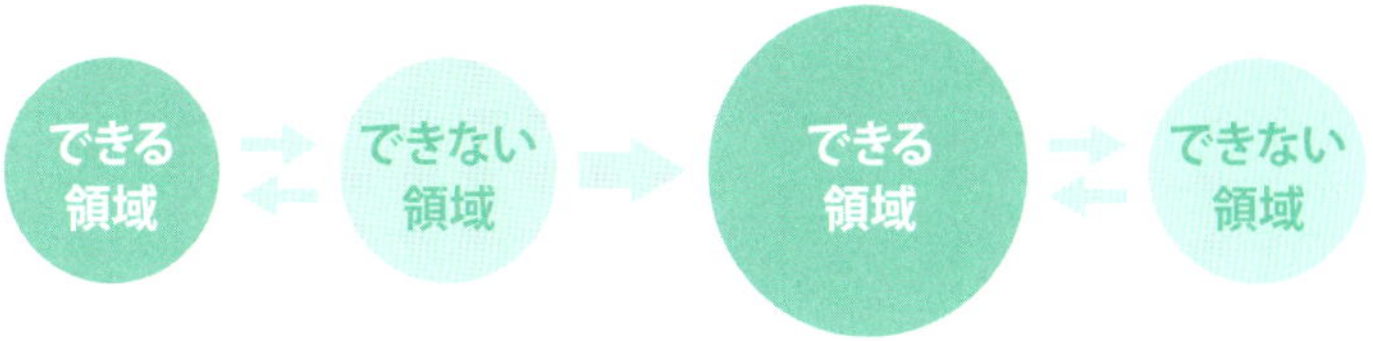


できない領域ばかりやるのではなく、できる領域から
始めることで、できる領域が自然と増えていきます。
これをダブルチャレンジ法と呼んでいます。

の名手で数々の受賞歴のあるボブ・J・フィッシャー選手も、フリースローの練習のときはできる位置からシュートをして、できたら距離を延ばして行くという練習を行っていたそうです。つまり、できる領域だけやっても上達しませんし、できない領域だけやっても上達しません。両方を同時に行っていくことが大切になってきます。私はこれを『ダブルチャレンジ法』と呼んでいますが、学習やスポーツなど様々なスキルを上達させたいときに有効な方法なのです。

他の研究でも**『同じ練習をするよりも2種類の練習を交互にするほうが、早く能力が伸びる』**ことが報告されています。人は練習を工夫すれば、脳の無限の可能性を引き出すことができます。私が講師をしている子供から大人の才能を伸ばすコーチングなどのワークショップでもいつも驚くのですが、営業スタッフの売り上げが短期間で上がったり、スポーツの全国大会で優勝したり、偏差値が20ほど上がったりと、あまりの出来事に感動を覚えることがあります。『人は誰でも天才になれる』。これは科学的にも真実であることが分かってきているのです。

Question No. 07

# 子供のやる気を高める方法を教えてください

answer

## 複数の選択肢から選ばせるようにするとやる気が高まります

「子供がやる気がなくて困っている」という話をよく耳にします。ただ、子供がやる気のない理由は、たった1つだけかもしれません。これは「やる気を高めたい」というお父さん、お母さんにいつも質問していることです。「子供に～しなさいと命令することは多くありませんか？」ということです。すると、やる気がない子供を持つ親のほとんどが「ええ、その通りです」と答えるのです。

実は、子供は生まれつきやる気がない子はほぼ存在しないことが分かっています。皆さんは生まれたときからやる気のない赤ちゃんを見たことがあるでしょうか？　そんな光景を見たことがある人はほとんどいないかもしれません。赤ちゃんは転んでも諦めずにどんどん前に進もうとしますし、常にやる気に溢れています。

しかし、そんな赤ちゃんや子供のやる気が失われてしまうきっかけがあります。それが『大人からの数多くの指示や命令』です。子供は大きくなるにつれて、大人からたくさんの指示を受けます。中には大切なこともありますが、自分がどうしてもやりたくないこともあるかもしれません。実際に脳科学と心理学の研究でも、**脳は「勉強しなさい！」「片付けなさい！」「しっかりしなさい！」と命令形で言われると、抵抗を感じて真逆のことをしようとする性質があること**が分かっています。例えば「箱を開けないで」と言われると私達は開けてしまいたくなります。実は、こうした命令をたくさん受けているうちに、子供はやる気を失ってしまうのです。

子供に指示を出す機会は無数にあるため、ここまで読むとショックを受けてしまう方もいるかもしれません。しかし、そんな方に光となる朗報があります。指示を出しても子供のやる気が下がらない方法が科学的に分かってきているのです。これは、子育ての天才からスポーツで才能を伸ばす優秀なコーチまで多くの人が利用している方法です。それは**「相手に1つだけでなく、2つ以上の選択肢を与える」**という方法です。例えば、子供に「これをやりなさい」ではなく、3〜4種類の活動を用意して「この中でどれをやりたい?」とか「どのくらいの時間でやりたい?」と子供自身に決めてもらうのです。すると不思議なことに子供達は「うーん、どれにしようかなあ?」と考えているうちに自然とやる気が高まってしまうことが分かってきました。何故、こんなことが起きるかというと、私達の脳はもともと「自分で選択したいという根源的な欲求」を持っているからと言われています。**私達はたった1つのことをやらされるのは嫌ですが、選択肢のある中から自分で好きなものを選ぶことができると、コントロール欲求が満たされるため、やる気(専門用語で『内発的動機』と言います)が高まる**ことが分かっています(*15)。

あるテレビ番組で、レストランで2種類しかないブッフェと40種類のブッフェを用意して、どちらのブッフェで人はたくさん食べるのかという実験があったのですが、意外なことに2種類のブッフェのほうが食べる量が多くなることが分かりました。たくさんの選択肢があると、私達は幸せを感じるため(胸がいっぱいで)、食べられなくなるようです。

選択は全てのやる気や幸せを生み出す根源になります。お子さまに何か提案するときは、必ず複数の選択肢の中から選ばせるようにしてみてください。

Question No. 08

# 子供と信頼関係を築く方法を教えてください

answer

## 子供の言葉をオウム返しにするだけで信頼関係が築けます

子供が素直でなく困っているという親がいますが、実はこのとき親と子供の間に「あるもの」が欠けていることが分かってきています。それは本当の意味での『親子の信頼関係』です。私達は信頼できない人から「もうやめたら？」と言われても、反発する気持ちが起こり、素直にそうしたいとは思えません。ただ、心から信頼できる人から「もうやめてみたら？」とアドバイスされると、一度は意見を聞いてみようという状態になります。

近年母親が仕事で子供と一緒に過ごす時間が少なくなり、十分な信頼関係を築きにくくなっているケースが増えているようです。そんな状態であっても、信頼関係が一瞬で築ける素晴らしい方法があります。それが会話するときに**『子供が言った言葉をそのままオウム返しで返してあげる』**というシンプルな方法です（専門用語で『リフレクティブ・リスニング（反復しながら聞いてあげる）』と言います）。

例えば、子供が「今日はジャングルジムで遊んできたんだ」と話しかけてきたら、「そうか、今日はジャングルジムで遊んできたんだね〜」と返してあげます。相手が言っていることを、反射的（リフレクティブ／オウム返し）に返すだけなのですが、これだけで子供との信頼関係を深めることができます。

実際にやってみると分かるのですが、子供は「自分を理解してほしい」という欲求が人一倍強いため、**言っていることをそのまま返すだけで、自分のことを理解してくれているという安心感が得られます。**その結果、脳の中で「自分を理解してくれる人」＝「信頼できる人」という図式ができ、親により大きな信頼感を感じるようになるのです。

以前、「子供が無口だ」と悩むお母さまがいらっしゃったのですが、話を伺ってみると子供が言っていることを返してあげないばかりか、いつも「こうしなさい」「ああしなさい」

とばかり言っていたとのことでした。子供は小さくても、自分が理解されているのかどうかがすぐに分かります。要求ばかり言われ、自分が理解されているのか不安になってしまったのかもしれません。これを実践されたお母さまから、こんな感想もいただきました。

「私は以前、子供の言っていることをそのまま返してあげたことがありませんでした。いつも仕事と家事で忙しく『そうねえ』とばかり伝えていたような気がします。でも教わった方法を試してみたら、子供が目を輝かせて私にどんどん話しかけてくるのです。やる気まで高まっているようでした。そして更に素晴らしいことが起こったのです。子供と同じ言葉を言っているうちに子供の気持ちに寄り添えるようになってきたのです。子供が何か悩んでいても『こうすればいいじゃない!』と伝えるだけでしたが、子供の言葉を反復しているうちに、子供が今どれだけ嬉しいかも、どれだけ悲しいかも一緒に共有できるようになりました。気づいたら、子供に思いやりを持ってアドバイスできるようになってきたのです。今では家庭がとても明るくなってきました。たった1つの言葉を変えただけなのに、こんなに変わるなんて正直驚いています。心から感謝しています!」

あまりにもシンプルな方法のため最初は「こんなことで効果あるの?」と思われる人も多いかもしれませんが、リフレクティブ・リスニングは子供だけでなく大人との会話にも大きな効果を発揮します。継続していくことで長期的に驚く変化につながっていきます。是非一度お試しになってみてください。

Question No. 09

# 子供をリラックスさせる方法を教えてください

answer

## まずは親がリラックスすること。そして成果よりプロセスを大切にすること

私もこれまでいろいろなケースを見てきましたが、子供がリラックスできない場合は、大きく2つの可能性があることが分かっています。まず1つが『子育てに力が入りすぎて、親自身がリラックスできていない場合』です。**親が真剣な状態（緊張の状態）にあると、**

**それを見ている子供は『ミラーニューロン』という目の前の人の感情を自分の中に鏡のように再現する神経細胞を通して緊張してしまう**ことが分かっています。目の前に泣いている人がいるとこちらも涙が出る（もらい泣きする）ことがありますが、これはミラーニューロンが働いているからと言われています。あくびがうつるのも同じ現象です。子供のためにと考えるあまり、どうしても子育てに真剣になってしまうことがあるかもしれませんが、真剣になりすぎてしまうと、脳の一部が萎縮してしまい、パフォーマンスが下がってしまいます。その結果、親だけでなく子供の本来の能力まで下がってしまうのです。

最高の力を発揮するためには、『リラックス』が最も大切な状態と言われています。そのためにもまず**ご両親が力を抜いてリラックスすること**が大切になってきます。子供にかける言葉も大切です。親が完璧主義であったり、成果ばかりを評価するようであったりすると、常に子供はプレッシャーを感じてしまいます。ある程度のプレッシャーは大切なこともありますが、度が過ぎると逆に本来の力が発揮されにくくなってしまいます。

実はビジネスからスポーツ界まで、どんな分野でもうまくいく人（成果も出してかつ幸福度まで高い人）は、「成果を出すこと＝成功」ではなく、「小さな行動でも一歩踏み出すこと＝成功」と考えており、成果よりもプロセスを大切にしています。成果は自分の外側にあるため１００％コントロールできませんが、自分の行動そのものはある程度はコントロールできるからです。最善を尽くすことで得られる成果であれば、どんな結果であれ最終的に素晴らしい展開につながっていきます。**成果を挙げることよりも、目標に向かって進んでいくプロセスを大切にしていくこと。これを教えてあげると子供はリラックスしてより能力を発揮しやすくなります。**

子供がリラックスできない2つ目の原因は、子供に対して声をかける頻度が少なかったり、肌に触れる機会が少なかったりなど『親が子供に無関心な場合（無関心なように見える場合も含む）』です。子供にとって親は生死を左右する重要な存在のため、**親が無関心だと子供は不安を感じやすく、前向きな考え方になりにくい**傾向があります。その結果、リラックスすることができない場合があるのです。

あまり真剣になりすぎても手を抜きすぎても、子供は安心感を感じにくく、本当の意味でのリラックスを感じることができません。子供の自主性を認めつつ、ときにはアドバイスしたり、温かく見守ったりとバランスのとれた育て方が大切になってきます。ちなみにリラックスは、学習からスポーツに至るまで様々な才能を伸ばすことが数々の研究から示されています（例えば、リラックスすると記憶力が上がったり、試験の成績にも影響したりします。またバッターボックスで力んだ状態でいると、逆に打てなくなることも分かっています）。真剣に子育てをしてしまう傾向がある人は、イメージの中で、脳のネジをゆるめるようにしてみてください。

## 参考情報

簡単にリラックスする方法としては、ガムを噛《か》むことも効果的です。咀嚼《そしゃく》は私達の脳の中枢に作用して『幸せのホルモン』とも呼ばれるセロトニンを分泌させることが分かっています（*16）。セロトニンが分泌されると、私達はリラックスした状態になるため、脳の機能が高まり、学習能力からスポーツまであらゆるパフォーマンスが高まりやすくなります。米国のメジャーリーガーがガムを噛んでいるシーンをよく見かけますが、実はあれはふざけている訳ではなく、ガムを噛んだほうがヒットやホームランの確率が増えることを経験的に知っているからです。あごの力は全てのパフォーマンスに直結しています。緊張しやすいお子さまをお持ちの方は本番前にガムを噛ませるのもお勧めです。

# Chapter 09

# 夫婦間の悩み

Question No. 01

# 理想的な子育てスタイルを教えてください

answer

## 厳しさと優しさをミックスした接し方がよいと言われています

子供に対してどのように接するかは、親によって全く違います。しかし「子育てスタイル」の研究によって、親は大きく次の4つのタイプに分かれることが分かってきました（1966年に心理学者ダイアナ・バウムリンド博士は、子育てのタイプを「3つの子育てスタイル」に分けました（[*1・*2]）。その後、スタンフォード大学の研究で「もう1つのスタイル（放任型）」が加えられ（[*3]）、現在は大きく「4つのスタイル」で説明できると考えられています）。

1. 民主型の子育てスタイル（Authoritative or Democratic Parenting Style）
ルールを守るよう促し、高い要求もしますが、子供の意向を尊重して子供の自立を促すスタイルです。
＊最も子供が前向きに育ちやすい子育てスタイルです。子供は幸せな気持ちを感じやすく、感情をコントロールでき、優れた社会性に恵まれて、前向きな自信を持つことを多くの研究が報告しています。

2. 独裁型の子育てスタイル（Authoritarian Parenting Style）
頭ごなしに子供に厳しくする子育てスタイルです。従わない場合は、罰を与えて強要します。
＊このスタイルで育つ子供は、言われたことに従うため「いい子」に見えますが、不安を感じやすく自信を持てなかったり、人に積極的に関わろうとする社会的なスキルが低くなったりすることが多いとされています（男の子は逆にルールを守らなくなる可能性も示唆

されています／詳しくは第6章『男女関係なく厳しく育てたほうがいいですか？』を参照）。

3. 迎合型の子育てスタイル（Permissive Parenting Style）
子供に「優しくするばかり」の受身的な子育てスタイルです。
とにかく子供のことを中心に、やりたいことを実現させてあげようとします。
ルールを決めて守らせるという厳しさはほぼありません。

＊このスタイルで育つと、子供は自己肯定感が高いですが、思いやりや謙虚さに欠けた大人になりやすい傾向にあります。我慢強さに欠けるため、困難に遭遇したときにすぐに諦めてしまう傾向もあります。

4. 放任型の子育てスタイル（Uninvolved Parenting Style）
子供に無関心な子育てスタイルです。厳しくもないし、優しく接することもありません。親は子供にほとんど関わらず、ルールを決めることもありません。

＊子供にとってよくない子育てスタイルの1つです。度が過ぎるといわゆるネグレクト（育児放棄、育児怠慢）にもつながると言われています。子供は大人になって非社会的な考えや行動をする可能性が高まる傾向が示唆されています（学生時代にグレたり、問題行動を起こしたりする人達にもこの傾向が強い印象があります）。

２０１６年の日本の研究では、親のタイプで子供の将来の年収まで変化してしまう可能性も示唆されています（*4）。先ほど述べた４つのタイプとは厳密には異なるのですが、**『支援型』と呼ばれる民主型に近い親の元で育った大人は、平均年収が最も高く５３０万円となることが報告されています。『迎合型』（優しいだけ）の親に育てられると年収が４４９万円になります（約80万円の年収ダウン）。最悪なのは『放任型』で、無視する親に育てられると支援型と比べて１７０万円も年収が下がる傾向がある**ことが分かりました。育て方によって、子供の将来にまで影響する可能性がありますので、是非注意してみてください。

**【親のタイプ】** **【子供の年収（男の子）】**

- **支援型**（厳しい＋優しい） → **５３０万円**
- **厳格型**（厳しい） → **５０１万円**
- **迎合型**（優しい） → **４４９万円**
- **放任型**（無視） → **３６０万円**

## 【子育てスタイル診断】

簡易的なものですが、自分の子育てスタイルの傾向が分かる診断シートです。質問に対して「1点（全くない）～5点（完全に当てはまる）」で点数をつけてみてください。

### 1．民主型の子育てスタイル　点／30点

a．厳しいときは厳しく接するが、子供に寄り添う考えを大切にしている
b．子供に意見を伝えるだけでなく、子供に質問して話を聞いてあげる
c．子供の才能はほめないが、努力したことについてはよくほめる
d．親の意見とは違っても、話し合う機会を与える
e．要望を伝えるときは、選択肢の中から選ばせるようにしている
f．親が子供に期待することの理由を説明する

### 2．独裁型の子育てスタイル　点／30点

a．とにかく子供にキレることが多い
b．子供が悪いことをしたとき、何故それをしたのか理由を聞かずに怒鳴る
c．努力をほめることはほぼない
d．よくないことをしたら、体罰を与える（たたく）

e. 親の期待に反したら、子供を徹底的に批判する
f. 子供の言うことを、そのままオウム返しで反復しない

## 3. 迎合型の子育てスタイル　点／30点

a. 可愛い我が子のためだったら、何でもしてあげようと思う
b. 子供とのよい関係を保つためにも、怒ることはほとんどない
c. 駄々をこねたり泣き出したら、子供が言う通りにしてあげる
d. 子供が苦労しないように、ある程度準備してあげる
e. 私がいなければ、この子は何もできない
f. とにかく「うちの子は天才！」とよくほめる

## 4. 放任型の子育てスタイル　点／30点

a. 親は子供のことを何も手助けする必要はない
b. 子供をほめることはほとんどない
c. 自分の考えを子供に話すことはあまりない
d. 子供と一緒に遊ぶ時間はほぼない
e. 自分のことで頭がいっぱいで、子供のことを考える余裕がない

### f．そもそも子育て自体に関心がない

合計得点の最も高いものが、自分の子育てスタイルの傾向です。もし「民主型の子育てスタイル」でない場合は、今からでも理想のスタイルになれるように、**「民主型の子育てスタイル」の6つの質問項目（a〜f）を実践する**ように意識してみてください。脳は変化しやすい性質を持っています（詳しくは第2章『性格を変えることはできるのでしょうか？』を参照）。子供がどんな年齢であっても親の子育てスタイルを変えるだけで、子供は長期的に影響を受けることが分かっています。

Question No. 02

# 子供を変えるのに重要なことは何ですか？

answer

## 大人が変わることで子供も変わります

人は全てそうですが、子供も基本的に「自分で主導権を持ちたい！」という欲求があります。子供の考えを完全に無視して大人の意向だけで子供を「変える」ことは本当の意味ではできません。しかし、自発的に子供自身が「変わりたい」と思えるようになるために、工夫できることはたくさんあります。

1つの方法は**『大人が変わることで子供が変わる』**というアプローチです。親の存在は、想像以上に子供にたくさんの影響を与えることが数多くの研究で示されているからです（詳しくは、第7章『子供に影響を与えるのは、遺伝でしょうか、環境でしょうか？』を参照）。

2つ目は意外な落とし穴かもしれませんが、『良好な夫婦関係を保つ』ことが、子供の性格形成や将来に影響することが示唆されています。ニューヨーク大学の研究ですが、1000人以上の子供（0〜5歳）を対象に家庭環境のリサーチを行った結果、親が喧嘩をしている仲の悪い家庭で育った子供はマイナスの影響を受けていることが分かったのです（*5）。暴力的な喧嘩をする両親に育てられた子供は、感情を読む能力に欠けていて、暴力がなくても激しい口論をする両親の子供は、感情を読みすぎる傾向にあることが分かってきました。また両親が喧嘩をする姿をずっと見てきた子供は、自分の感情（不安や恐れ、悲しいなど）をコントロールする能力に欠けることが多いことも報告されています。他の研究でも、両親の仲が悪いと、自己評価が低くなったり、他人への信頼感が低くなったりしてしまう可能性も示唆されています（*6）。

子供がまだ小さいから状況が分からないだろうと、子供の前で喧嘩をする親がいますが、これは子供にとっては危険な行為です。0〜3歳までにDVを目撃した107人の子供についての研究によると、3〜5歳の時点では特に変化はないのですが、小学校に上がってから突然攻撃的な行動を示すようになることも報告されています（*7）。

２００８年に結婚情報センター「Nozze」が日本で行ったリサーチによると、夫婦喧嘩の頻度は、週1〜2回が16・2％、月1〜2回が27％、年1〜2回が25・3％、数年に1度が19・2％だそうです。つまり、1週間から1ヶ月の間に必ず喧嘩をする夫婦は43・2％にのぼることになります（*8）。お互いに違う家庭で育った二人が一緒に暮らすと、どうしても理解できないことや意見がぶつかることもあるかもしれません。しかし、子供は大きな影響を受けてしまうのです。子供の前では喧嘩を見せないように注意してください（詳しくは第9章の『夫婦円満の秘訣を教えてください』でも扱いたいと思います）。

### ・・・・参考情報

シングルで子供を育てている人にも参考になるニュースがあります。イリノイ大学のロバート・ヒューズ教授は、たとえ片親であっても仲睦まじい家庭に育った子供は、喧嘩の絶えない両親のいる家庭の子供より充実した人生を送れると述べています。また、両親の離婚後にお互いに敵対せず、子供と今まで通りに接していると、子供は健全に成長できることも示されているそうです。

Question No. 03

# 子供のために夫婦でやるべきことは何ですか？

answer

## 家族で食事をし、夫婦で子供のよい点に目を向けてあげましょう

夫婦で子供に対して一番やるべきことは、まずは『夫婦関係がよいこと』になるかもしれません。前項でもお伝えした通り、夫婦の関係が良好だとそれを見ている子供も安心感を感じてリラックスしやすくなるため、学習能力なども含めた全ての能力が伸びやすくな

ることが分かっています（夫婦関係をよくするにはどうすればいいのかについては、次項の『夫婦円満の秘訣を教えてください』で詳しく扱いたいと思います）。

それ以外に大切なこととしては『子供と食事を一緒にとること』も子供の将来に大きく影響を与えることが近年注目されています（*9）。米国の調査ですが、**『家族で食事する頻度が高い子供ほど、集中力が高く、積極性が高く、学業成績も高く、多くの人と友達になろうとする社会性がある確率も高い』**というのです。その後のリサーチでも、家族で一緒に食事をする子供ほど、10代で非行に走る確率が少なくなるということも分かっています。食事をする頻度としては、週4回以上が理想的だそうです。家族団欒《だんらん》しての食事は、子供の将来に直結すると言えるかもしれません。

子供のためにもう1つ大切なことは、**夫婦で『子供のよい点に目を向けてあげること』**です。子育てがうまくいかないと考えている人ほど、子育てにストレスを感じやすいことが分かっています。そしてストレスを感じる原因の1つが「子供の短所ばかりに目を向けている」という傾向であることが分かっているのです。相手の悪い点ばかり見ていると、自分の脳内にも相手の悪い点がイメージされるため、よい気持ちになることができません。しかし、子育ての天才と言われる人は、子供のよい点を見ることができるため、常によい感情を抱くようになることが分かってきました。特に子供の才能を伸ばすのがうまい親は、子供の長所を20個以上言える傾向があります。子供の長所を言ってくださいと言うと「全くありません」と言う親と「湯水のように長所がどんどん出てくる」親がいるのです。子供の長所を言えるかどうかで、子育てがうまいかどうかがすぐに分かります。

これは幼稚園や保育園でよく使っているシートです。子供の長所を20個書き出してみてください。書き出すだけで、驚くほど子供に対する印象が変わり、子育てに対するストレスが劇的に減る効果が期待できます。

**【子供の長所リスト】**

1.
2.
3.
4.
5.
6.
7.
8.
9.
10.
11.
12.
13.
14.
15.
16.
17.
18.
19.
20.

以前、お母さまの中で「我が子には1つも長所がありません！」とキッパリ言う方がいました。「うちの子は勉強もしないし、動作も遅いし、これを実現したいという目標もありません。いいところなんて何一つないんです」と言うのです。長所を書き出してくださいとお伝えしても「うーん」と言って、なかなか書き出すことができませんでした。そこで宿題として、どんなに時間をかけてもいいので、次回までに書き出しておいてくださいとお伝えしたのです。すると翌週こんなメッセージをいただきました。

「先生、あれからいろいろと考えてみたのですが、最初の1時間は全く答えが出ませんでした。でもある瞬間、勉強はできないけど『人が困っていたら助けてあげる子だな』と気づいたんです。そしたら『お手伝いもしてくれる子だな』とか『あいさつもよくできる』とか、『インターネットも得意だな』など、どんどん出てきてビックリしました。20個書き出したリストを眺めているうちに、我が子はなんていい子なんだろうと思えたのです。そして同時に涙が出てきました。これまでの自分が恥ずかしくなり、子供のよい面をもっと見てあげようと思いました。今では主人とも共有することで、二人とも子供に対する見方が大きく変わったような気がします。本当にありがとうございます」

実際にこのワークによって、子供とのコミュニケーションが改善されたり、日々の幸福度がアップしたりと嬉しいご報告を多数いただいています。夫婦で一緒に子供の長所を書き出すうちに、自然と会話と笑顔が増えて、明るい家庭になりましたという報告もいただいています。書き出すのは10～15分ほどですが、子供の見方が大きく変化する素晴らしい方法になります。是非試してみてください（考えるだけでは効果が得られません。書き出すことで大きな効果を得ることができるのです）。

### 参考情報

あるお母さまは、子供の長所を20個紙に書いて家に貼り出してみたら、我が子がそれを見て大喜びし、リストアップした長所をもっとやってくれるようになったそうです。また子供でなく「ご主人の長所」も書き出したところ、初めて出会った頃の気持ちを思い出して、夫婦のコミュニケーションが大きく改善されたという嬉しい報告もいただいています。

Question No. 04

# 夫婦円満の秘訣を教えてください

answer

## 不満は小さいうちに打ち明けましょう

子供が安定した感情を持って健全に育つためには、まず夫婦関係がよいことが大切になってきます。私は理想のパートナーシップを築いている人達も研究しています。世の中には70代の老夫婦でも、手をつないで仲睦まじく買い物をされているカップルもたくさんいらっしゃいますね。

長年連れ添っていても仲のよいカップルを調べてみると、様々な特徴が分かってきました。世界的に有名なのは、ワシントン大学の名誉教授で夫婦関係研究の第一人者でもあるジョン・ゴットマン博士の研究です。彼は1000組以上のカップルを調査して、仲のよい夫婦とそうでない夫婦の違いを長年研究してきました（*10）。その結果、仲のよい夫婦の特徴として、下記のようなものがあることが分かってきています（他にもありますが、重要なものを抜粋しました）。

- **どんなことも受け流したりせず、お互いに不満を言い合える関係になっている**
- **ネガティブな言葉だけでなく、ポジティブな言葉も伝えている**
- **どんな小さなことでも、気づいたことは伝える**

つまり、仲のよい夫婦は怒りや不満を溜めない（火は小さなうちに消す）習慣があることが分かってきたのです。ラブラブなカップルは不満を持たないイメージがあるかもしれませんが、決してそうではありません。これまでお互いに全く別の環境で暮らしてきた二人が同じ屋根の下に暮らすのですから、必ず価値観や考え方、習慣などに違いが出てしまうことがあります。そのときそれを何となく我慢しているだけだと、いずれ不満が募って最終的には大きな怒りとなって爆発してしまいます。うまくいくカップルは「不満」は伝えますが、うまくいかない人ほど「批判（非難）」を相手に伝えるのです。

カリフォルニア大学の研究では、68組のカップルが携帯などのメッセンジャーでどのような会話をしているかを調べたところ、興味深いことが分かってきています（*11）。会話のときに「私は一緒に遊園地に行きたいな～」、「私はそれを言われてとても悲しいよ」、「自分は気分がよくないから、後ででも大丈夫かな？」のように**主語を「私」にするカップルほど、付き合っていることへの満足度と二人の関係が安定しやすい**ことが分かってきたのです。

一方で『あなた（お前）は～、私（俺）に～』という言葉を使うカップルほど仲が悪く、関係も長続きしないことが分かってきました。例えば、「あなたはなんでいつもそうなの？」、「お前は一体どうしたいの？」、「俺にそんなことまで要求するの？」という言葉を使うカップルは、大きなリスクがあることが分かっています。つまり、自分の気持ちを伝える「私は～」という「I（アイ）・メッセージ」ではなく、相手に非があることを責めるような**「YOU（ユー）・メッセージ」を使う人は、関係が悪くなり離婚率も高まる**ことが分かってきたのです。「何故、あなたは私にそんなに辛い思いをさせるの？」という「ユー・メッセージ」で伝えると喧嘩は更にエスカレートしていきますが、「私はそう言われて辛いの」とアイ・メッセージで伝えると、二人の関係が改善されるということを意味しています。

ちなみに、2007年のアリゾナ州立大学の研究では、「ありがとう」という感謝の気持ちを伝えることが多いカップルほど満足度が高いことが報告されています。また2009年の研究では、何か障害にぶつかったときに「私達」という言葉（私達の問題、私達で解決しようなど）を使うカップルほど、愛情を感じやすく問題行動や心理的なストレスも低いことが報告されています。

現在仲があまりよくなかったとしても、関係性が改善されてしまう素晴らしい方法もあります。カリフォルニア大学とロチェスター大学の研究で分かってきたのですが、仲のよいカップルを調べてみると、ある1つの面白い習慣があるというのです。それは**『何かよい出来事があったときに楽しく祝う』**という習慣でした。

実際に仲の悪いカップルにこの習慣を試してもらったのですが、格段に関係性が改善されるため、みなさんに驚かれます。例えば、子供の誕生日、何か賞をとった日、子供の身長が100㎝を超えた日などに、高級チョコを食べるなど、どんなに小さなことでもよいので心を込めたお祝いをしてみてください。すると、二人の仲がより親密になりやすいことが分かっています。私の話で恐縮ですが、妻からのリクエストもあって、毎月子供が生まれた24日はケーキを買って息子と家族の健康に感謝をする日にしています。子供の発達には夫婦の仲がよいことが一番です。イベント事は大切にしてください。

### ・・・・参考情報

カナダの研究では、夫婦が日々の生活の中で『あること』をすると、お互いの寿命が5年長くなり、収入まで25％高くなるという素晴らしい方法が報告されています。それは、『出勤前にキスをする』ということでした。キスをする習慣がある夫婦は、寿命や収入が高まるだけでなく、欠勤率も低く、交通事故に遭う確率が低いことまで示されています（ウィルフレッド・ローリエ大学／アーサー・サズボ博士）。

Question No. 05

# 子供に対してついイライラしてしまいます

answer

**疲れているのかもしれません。寝ましょう。コーヒーの香りも効果的です**

子供は親の思う通りに動いてくれることはほとんどありません。ときとして子供の行動や言動に対してついイライラしてしまうこともあるかと思います。しかし、イライラした感情を子供にぶつけてしまうと、子供にとってほとんどメリットはありません。親としての威厳《いげん》を持って厳しくすることは大切ですが、「怒ること」と「叱ること」は全く違うこととして認識する必要があります。しかし、どうしてもイライラした気持ちが出てきてしまうこともあるかもしれません。そんなときに知っておいてほしいのが「どうしてイライラという感情が出てしまうのか？」というしくみを理解することです。

最新の研究で、私達のイライラする気持ちは、脳の中でも意識を司る前頭前野という部分（『意識脳』と呼びます）が弱まっているときに発生しやすいことが分かってきています。私達は生きている中で不安やイライラ、怒りなどの気持ちを感じることがあります。こういった感情は全て『原始脳』と呼ばれる領域にある『扁桃体』という部分から発生します。意識脳がよい状態（活性が高い状態）だとセルフコントロール力が高まるため、原始脳の扁桃体を抑制してマイナスの感情が抑えられます。しかし、**疲労などの影響で意識脳の力が低下すると、セルフコントロール力が弱まりマイナスの感情が抑えにくくなってしまうのです**（*12）。

よく子供を怒ってしまった後に「なんでこんなことを言ってしまったんだろう」と罪悪感を感じる人がいますが、それは脳科学的には自分のせいではなく、たまたま意識脳の力が弱まっていたという可能性があります。自分を責めるのではなく、子供のためにもまずは自分の意識脳の力を回復させる必要があります。

最近の研究では、意識脳の力が弱まる原因が分かってきており、その1つが「睡眠不足」

であることが示唆されています(*13)。例えば、あまり眠れなかった翌日はイライラしやすいことがあります。これはまさに睡眠不足によって意識脳の力が低下しているからと言えるかもしれません。**『イライラを感じたらまず寝る(十分な睡眠をとる)』**というのが、イライラを改善する1つの秘策になります。

別の研究では、香りも私達の感情に作用する効果が示唆されています。私達はよい香りを嗅いだとき、よい気持ちになります。これは香りが鼻腔《びくう》を通して感情を司る脳の大脳辺縁系(原始脳)に直接作用して、脳内ホルモンの分泌を促進するからということが分かっています。実際に米国で面白い研究があって、**コーヒーの香りを嗅ぐと、人に優しくなれる**という報告まであるほどです(ショッピングモールで、炒ったコーヒー豆や焼いたパンの香りが漂っていると、見知らぬ人が、落としたペンを拾ってくれたり、両替を快く引き受けてくれたりする確率が高くなります)(*14)。

また、寝不足のマウスにコーヒーの香りを嗅がせると、ストレス物質の遺伝子のスイッチが抑制されて、元気なときと同じ遺伝子がONになることも分かってきました(*15)。コーヒーは実際に飲む必要はなく、香りを嗅ぐだけで効果があります(*16)。子育てをしていると睡眠を十分に取ることは現実的に難しいこともあるかもしれませんが、コーヒーの香りを嗅ぐことはいつでも簡単にできて効果も抜群です。もしイライラする場面があったら、気分転換も兼ねて香りを嗅ぐようにしてみてください。

### 参考情報

(ア)ロマはマイナスの感情を抑制するだけでなく、私達の学習能力を高める効果があることも分かっています。180人の被験者に3つの飲み物（ペパーミントティー、カモミールティー、白湯）を飲む前後に記憶試験と認知機能のテストを行った結果、ペパーミントティーを飲んだ人達の記憶と認知機能のテスト結果が、他のグループと比べて高いことが分かりました。更には長期記憶、一時記憶、注意力まで高まることが分かりました。アロマは私達の奥深くの大脳辺縁系（原始脳）を活性化することで、様々な能力を高めることが分かっています（*17）。

Question No. 06

# 子供を成功に導く方法を教えてください

answer

## 幼少期に母親とよい関係を築くことが成功への道です

子供を成功に導くためにはたくさんの方法があります。例えば、好きなことに集中させたり（第1章『得意なことに集中させるべきですか？　好きなことに集中させるべきですか？』を参照）、お手伝いをやらせたり（第3章『子供にさせるとよい日課はありますか？』を参照）、十分な睡眠をとらせたり（第4章『試験前は徹夜で勉強させたほうがいいでしょうか？』を参照）、運動をさせることも大切になってきます（第5章『勉強だけでなく運動もさせたほうがいいですか？』を参照）。また、優しさだけでなく厳しさも大切にしたり（第6章『男女関係なく厳しく育てたほうがいいですか？』を参照）、環境や心の状態を整えてあげたりすることも大切になってきます（詳しくは第7章の「子供の環境の悩み」、第8章の「子供の心の鍛え方」でも扱っています）。

これ以外だと、最近は「母親の存在」が子供の将来に大きな影響を与えることが注目されていることをご存じでしょうか？　ハーバード大学の研究で**『幼少期に母親とよい関係が築けた男性は、そうでない男性よりも8万7000ドル（約950万円）も年収が高い』**ことが分かってきたのです（男性の幼少期から老年期まで75年間に及ぶ長期の研究）（*18）。また母親との関係が悪い人は、年をとるほどアルツハイマーなどの認知症を発症する確率も高まることまで分かっています。ちなみに、父親との関係は年収には全く相関が見られませんでした。

ドトールコーヒーを全国に展開した大林豁史会長は大の母親好きで、母親のためにビジネスを成功させたというのは有名な話かもしれません。またスポーツの分野ではイタリアサッカー界で活躍した長友佑都選手もその一人です。彼は20代前半で伸び悩んだ時期もあったそうですが、このとき一人で自分を育ててくれた母親のために努力した結果、世界で活躍する一流選手にまで成長したと言われています。男性には本来、弱いものを守ろうとする性質が脳にありますが、母親を大切にする人はこうした本能が目覚めて、より素晴らしい力を発揮できるようです。

他の研究では、**母親の存在が子供の学習能力にも影響する**可能性が報告されています。これは2017年の日本の文部科学省の報告書で発表された事実ですが、母親の学歴が高いほど、中3の数学Bの正答率がよい子供が多いことが報告されています。左にも示していますが、「父親の学歴」よりも「母親の学歴」のほうが、数学の正答率に強い影響を与えるようです（米国のいくつかの研究でも同じようなことが示されています）。

母親は父親と比べて、子供と接する時間が一般的に長いため、ミラーニューロンを通して、より大きな影響を子供に与えてしまうのかもしれません。（父親の役割については次項の『子育てにおける父親の役割を教えてください』で詳しく扱います）。

**数学Bの正答率**

【母親の最終学歴】
高校：43・4％
大学：60・0％

【父親の最終学歴】
高校：44・1％
大学：56・55％

Question No. 07

# 子育てにおける父親の役割を教えてください

answer

## 父親にも様々な影響力があります。子育てに参加しましょう

子供への母親の影響力についてお伝えしてきましたが（前項『子供を成功に導く方法を教えてください』を参照）、実は父親も母親に負けないくらいの素晴らしい役割があることが分かってきています。近年の研究では**『父親と過ごす時間が長いほど、言語能力が高まる』**こ

とが報告されています（*19）。メリーランド大学の研究では、1682人の2、3歳児と、2115人のプレK（日本の4歳児）の子供について調査しました。その結果、父親と関わる時間が長い子供ほど、認知能力や言語能力が高く、情緒的にも安定していることが分かってきたのです。他の研究でも、本の読み聞かせを父親にやってもらうと、子供の言語能力が伸びやすく、想像性が育まれやすくなることも分かっています（母親は子供に分かりやすく話しますが、父親は自分のペースで複雑な言語を話すため、脳にとっても刺激があるようです）。

家族心理学者のラウラ・パディッラ＝ウォーカー博士の研究では、父親が民主型の育児スタイル（厳しさの中で子供を支援するタイプ：詳細は第9章『理想的な子育てスタイルを教えてください』を参照）だと、育った子供は**「困難を乗り越える力」や「やり抜く力」が高くなる**ことも報告されています（*20）。昔から父親と川の源流まで行ってみようと冒険したり、父親と息子が二人きりで旅に出かけると子供はたくましく成長すると言われてきましたが、科学的にも真実であることが分かってきています。たまには母親抜きで、父親と行動すると、子供は大きく変わるかもしれません。

他にも父親と一緒に過ごす時間が多い子供ほどＩＱが高い子が多かったり（*21）、父親との関係が良好な子供は、怒りなどの衝動行為や、非行などの問題行動も減る傾向があることが分かっています（*22）。

面白い研究としては、『父親が家事をするかしないかが、女の子の将来に影響する』という可能性も示唆されています（*23）。これはアリゾナ大学のアリッサ・クロフト博士の研究ですが、7～13歳の女の子326人を対象に、それぞれの家庭を調査しました。その結果、**家事をしない父親を持つ女の子は、専業主婦を希望する人が多かったり、女性特有の母性を発揮する仕事（看護師や教師など）を好む人が多い**ことが分かってきたのです。しかし一方で、**家事をする父親のもとで育った女の子は、野心家になる子が多く、将来的に年収が高い仕事に就く可能性が高くなる**ことが分かってきました。父親が家事を手伝うような「男女平等の環境」をずっと見て育ってきた女の子は、これまで女性が進出してこなかった職種を目指すようになり、どうやら結果的に年収が上がりやすくなるようです。一方、女性が家事をする状況をずっと見てきた女の子は、よい母親になろうとする子が多くなることを示唆しています。これはまさに『環境が子供の人生を決める』というよい例かもしれません。

父親には、母親とは異なる役割がたくさん与えられています。子供の健やかなパーソナリティーを形成するには、父親の存在も大切になります。是非、お父さんも子育てに参加するようにしてください。

Question No. 08

# 子供と仲良くなる方法を教えてください

answer

## 子供と秘密を共有すると信頼関係は高まります

子供と仲良くなるためには、信頼関係を育むことが最も大切です。信頼関係を育むためには会話の中で『子供が言った言葉をそのままオウム返しで返してあげる』ことが有効であることについて紹介しました（第8章『子供と信頼関係を築く方法を教えてください』を参照）。親が真剣に子育てしすぎないことも、信頼関係を育む上で大切になってきます（第8章『子供をリラックスさせる方法を教えてください』を参照）。

更に子供と親密度を深めて仲良くなりたい場合は、『ロミオとジュリエット効果』という心理学的な効果を利用するのもよい方法かもしれません。これはバージニア大学のダン・ウェグナー教授の研究ですが、**『秘密を共有するほど、二人の信頼関係は高まる』**という現象が報告されています。この実験では、男女のペアにトランプで遊ばせるのですが、その際テーブルの下で足を絡め合うように指示します。そして、1つ目のグループには「テーブルの下で行っていることは誰も知らない」と伝え、2つ目のグループには「みんなテーブルの下で行っていることは知っている」と伝えました。その結果どうなったかというと、前者の秘密を共有したグループだけが、相手により魅力を感じ、関係が更によくなってしまうことが分かったのです。

ロミオとジュリエットの映画の中でも「二人の間に秘密や障害があるほど燃え上がる」というシーンがありますが、私達は相手と秘密を共有すると、二人の信頼関係が大きく深まることが分かっています（そのためこれを『ロミオとジュリエット効果』と呼んでいます）。

実際にこれは子供にも有効な方法です。私も6歳の甥《おい》に試してみたのですが、一度やってみたら大好評で、手を離してくれないほどでした。もし子供と信頼関係を深めたい場合はお薦めの方法です。ちなみに男女や友人同士でも有効な方法です。是非試してみてください。

....参考情報

子供と仲良くなることで、父親にも大きな変化が起きることが分かっています（*24）。赤ちゃんと添い寝をしたり、食事をしたり、子供と接するほど、男性に愛のホルモンと呼ばれる『オキシトシン』が脳内に分泌されることが報告されています。子供が生まれてから優しくなったり穏やかな性格になったりする人がいますが、私達大人もどんな環境に身を置くかによって、脳が変化していくことを意味しているのかもしれません。

Question No. 09

# 子供の前では完璧な親を演じるべきですか？

answer

## 完璧な親では子供はリラックスできません

私が体験した話を紹介したいと思います。以前私は、世の中でうまくいく人は「完璧な人」というイメージがありました。社会で認められるためには、完璧に物事をこなさなければならないと思っていた時代があったのです。そのために毎日必死で努力しましたが、完璧にこなせることはほとんどなく、疲労と苦労が絶えなかったのを覚えています。本来の自分ではなく、自分以外の何者かになろうとして一生懸命がんばりすぎていたのかもしれません。そして30歳になったとき、これまでのストレスが積み重なったのか、全身の免疫が自分を攻撃してしまう自己免疫疾患を宣告されました（当時日本に1100人しかいないと言われていた難病でした）。

理想の人になるために努力してきたはずなのに、病気を宣告されてショックでした。人生で初めての大きな挫折を味わい、人生が本当に真っ暗になりました。もともと前向きでしたが、さすがにしばらくは立ち直れなかったのを覚えています。ただ、そのときは気づきませんでしたが、実はこの出来事は私に「ある重要なこと」を教えてくれたレッスンだったのです。

ある日の朝のことでした。私が病室でいつものように朝ごはんを食べていたら、妻が突然部屋に入ってきたのです。最初は昨日あったことなどたわいもない話をしていたのですが、突然私の手をギュッと握って「きっと治るから、がんばろうね」と言ってくれたのです。当時、私は結婚して3ヶ月目だったのですが、結婚してすぐに難病を宣告されて、ずっと妻には申し訳ない気持ちで一杯でした。彼女のためにも別れたほうがいいのではと思っていたくらいでした。そんな全てを失った私に、妻は私の手を握ってくれて「きっと治るから、がんばろうね」と言ってくれたのです。当時、自分には価値がないから社会的な地位で埋め合わそうと思っていた私にとっては、涙が止まらない出来事でした。何もできない自分でも、ありのままの自分でも支えてくれる人がいる、そのままで生きていていいんだと思えました。生まれて初めて、自分の存在を100％認めてくれた人に出会えたような気持ちでした。

それ以来、無理をしないで自分らしく生きようと心に決めました。その結果、心も楽になり、普段お世話をしてくれる看護師の方や先生と心の交流ができるようになりました。病気の苦労はありましたが、心はとても幸せでした。私にとっては、神様が与えてくれた夏休みのようなものだったのかもしれません。それから3年半ほど経って、私の難病はおかげさまで完治しました。今ではそんな経験を多くの人にお話ししたり、自分らしく生きることの大切さを伝える仕事をさせていただいています。

これは後で分かったことですが、ビジネスから子育てまで**それぞれの分野でうまくいく人達は、意外とたくさんの失敗もしていて、欠点もある自分を認めてあげる人間らしさを持って生きています**。そのほうが脳がリラックスするため、完璧にしようとするよりも、更に成果が出てしまうのです。また、親がリラックスすると、それを見ている子供もリラックスするため、より子供の能力が高まりやすくなります。

更に面白い現象ですが、人は完璧な人よりも欠点がある人のほうにより魅力を感じることが分かっています(専門用語で『プラットフォール効果』と呼ばれています)(*25)。例えば、非の打ちどころのない完璧な人が自分の目の前にいると、少し近づきがたいと思うかもしれません。一方で、完璧なように見えても、ときには失敗したり欠点もあったりと、人間的に可愛らしい部分もある人を見ると、より親しみやすさを感じるようです。

あまりにも**完璧すぎる親は、子供にとって威圧感や緊張感を与える存在になってしまい、子供がリラックスできない傾向にある**ことが分かっています。親が少し気を許してあげるだけで、子供は喜んでコミュニケーションをとってくるようになります。

「親が完璧でなければならない」と思っていると、子供も「完璧でないと自分は認められない」と思ってしまう可能性があります。しかし、完璧な人なんてこの世の中には存在しません。人は必ずそれぞれの弱い部分や欠点を持っています。それぞれが補いながら、助け合って生きているのです。2歳のときに高熱にかかり、視力、聴力、言葉を話す能力も失いながら大学まで進学し夢を実現したヘレン・ケラーはこんな言葉を残しています。

「世界で最も素晴らしく、最も美しいものは、目で見たり手で触れたりすることはできません。それは心で感じなければならないのです」

目には見えませんが、子供の中には優しさや思いやり、心の成長など、宝石のように輝く素晴らしい点がたくさんあります。一度は子供に「欠点があったとしても、ありのままのあなたのことが大好きよ」、「生まれてきてくれてありがとう」と伝えてあげてください。きっと子供の才能を伸ばす最高のプレゼントになると思います。

Question No. 10

# 子育てに自信を持つにはどうしたらいいですか？

answer

## 正しい知識を持つこと。広い歩幅で歩くこと

そもそも子育てに完璧な自信があるという人がいたら、是非一度お目にかかりたいというのが正直なところかもしれません。よくあるケースが、仕事に自信があるビジネスマンに子育てをさせると「こんなに子育てが大変だとは思いませんでした。仕事のほうが自分

で思い通りにコントロールできるし、よっぽど楽です」と言うことです。子育ては相手ベースとなるため、仕事と違って時間や内容をコントロールできません。そういった意味で、子育てに完璧な自信を持つということ自体が、不可能なことかもしれないのです。

完璧な自信は難しいかもしれませんが、少なくとも今のレベルより自信を高める方法はあります。それはこの本でもずっと伝えてきたことですが、『子育ての正しい知識』を知ることが自信を持つための一番の近道であることが分かってきているのです。うまくいく方法を知らなければ、何の道しるべもないまま暗闇を進んでいるようなもので、なかなか本当の自信を持つことは難しいのです。本書は科学的に裏付けされた方法や法則を数多く紹介し、読むだけで自然と子育ての自信が高まるように構成されています。さらに自信を高めたいときは、**本書の中に掲載してある方法を1つでもよいので実践してみてください。**それだけで、子育てに対する自信のレベルが少なからず変わっているはずです。

日々の生活の中で簡単に自信を高めるための習慣も紹介したいと思います。最近は子育てに疲れているお母さんも多いと聞きますが、**自信のない人は『歩幅が狭い傾向があること』**をご存じでしょうか？　フロリダ・アトランティック大学の心理学者サラ・スノドグラス博士の研究ですが、彼女は歩き方と感情の関係についての研究を行っています（*26）。それによると、被験者に上を向きながら大股で歩いてもらうと、明らかに幸福度や、日々の満足度などの数値が高まるというのです。実際に私もいろいろな保護者の方を見てきたのですが、子育てに自信のない人ほど、視線が下向きで歩幅が狭い傾向がありました。一方、自信のあるお母さんほど、背筋がピンと伸びていて歩幅も広いのです。そこで子育てに自信のない方に、上を見て歩幅を広くするよう伝えたところ、「気持ちが変わりました！」「何だか前に進んでいくような気がします」などの報告をたくさんいただいています。脳というのは、歩き方が変わるだけで『自信がある』とだまされてしまうようです。

また、心理学者のクレペリン博士は、やる気の研究で『体を動かすと、脳のやる気の中枢（側坐核）が活性化する』ということを明らかにしています。大きな動きは、それだけ脳を活性化します。自信がないときはまず大きな動きをしてみることをお勧めします。

### 参考情報

**健**康状態が悪いと自信を感じにくいことが分かっています。健康状態を高めるためにはいろいろな方法がありますが、その中でもハーバード大学が面白い研究を発表しています。『外見を実年齢よりも若く見せると、体が若返って健康になる』という発見です（*27）。研究グループは40歳以上の女性を集めて、髪をカラーリングすることで実年齢より若く見えるようにしました。その結果、カラーリングした女性は見事に若いときの血圧に戻っていたのです。外見を若く見せると脳内のイメージも変化するため、生理反応が変わり、健康状態がよくなることが示唆されています。

Question No. 11

# ストレスや疲れを取り除く方法を教えてください

answer

## ストレスの原因を考えながら、ゆっくりと手をおでこに当てると効果的です

子供はいつも元気一杯に動き続けるため、面倒をみていると体力的にも精神的にも多くのエネルギーが必要となります。自分の時間をほとんど持てないため、ときにはストレスを感じたり、疲れが溜まったりすることもあるかもしれません。そんなとき、ストレスを

簡単に解消できる方法があります。

意外と簡単な方法なのですが、**『ストレスの原因を考えながら、ゆっくりと手をおでこに当てる』**というシンプルな方法です。こんなことで効果があるの？　と思われるかもしれません。でも気持ちが十分に楽になるまでおでこに手を当てると、不思議とストレスが軽くなっている自分に気づくかもしれません。

私達の悩み（思考）は主におでこにある前頭前野で生まれると考えられています。手を当てることで体温が脳に伝わるため、前頭前野の活性が回復することが考えられています。人種を問わず世界中の人々が、困ったときに頭に手を当てるしぐさをしますが（困ったな～と言って、おでこに手を当てながら悩むシーンを見たことがあるかもしれません）、これは私達が無意識にストレスを軽減するために行っている行動かもしれません。

近年は医学の分野で、イメージにストレスや疲労を軽減する効果があることが示されています。腰痛や頭痛などの身体的な痛みがある方も増えていると聞きます。痛みは物理的ではなく、脳内のイメージ(固定観念)で作られている場合があり、『脳の状態を改善すると、身体的な痛みが軽減する』という現象が世界的にも注目されています（*28）。

これは実際にクライアントさんに提供している方法ですが、イメージするだけで脳の状態が変化して、疲れが取れやすくなるエクササイズがあります。海外では応用されている方法です。最近疲れを感じている方は、是非一度お試しになってください。

**【疲れを取り去るエクササイズ】**

1．目を閉じて、自分の疲れている部分をイメージしてください。

2．もしその疲れている部分に色があるとしたら、どんな色をしているでしょうか？
（真剣にやる必要はなく、何となくこんな色かなと思うくらいで大丈夫です）

3．その部分に、イメージの中でお湯で温めた熱々のタオルを当ててみます。そして、その心地よい温かさが疲れている深部まで伝わっていくのを想像します。

4．熱いタオルを当てた部分の色が、どんどん変化していく様子を想像してください。
（色がどんどん明るくなって、鮮やかになっていくのを感じます）

5．十分に色が明るく変化するまで熱いタオルを疲れている部分に当ててください。

6．他に気になる部分があれば、2～5のエクササイズを繰り返します。

7．スッキリするまで行ってください。

＊イメージしにくい場合は、実際に熱いタオルを当ててみてどんな感じがするか一度体験してみるとイメージしやすくなることがあります。

＊目を閉じながら行うと視覚情報が遮断されてよりイメージしやすくなるため、より大きな効果を体験できます（人に読んでもらうと、更に効果的です）。

Question No. 12

# 「子育て」はいつまでするべきでしょうか？

answer

## 子供は親から離れたとき一番成長します。いつでも旅立てるように準備しましょう

これについては、子供の性格によっても違うと思いますし、親の価値観によっても全く変わってくるかもしれません。ただ、これを考える上で参考にできる情報はたくさんあります。『ヘリコプター・ペアレント』という言葉を聞いたことはあるでしょうか？　もと

もと米国でよく使われる言葉なのですが、子供の上空を常に飛び回り、我が子に不都合なことがあると急降下してきて干渉する親のことを言います（「子離れできない親」のことをこのように総称しているそうです）。

例えば米国の大学では学生寮があり、大学生はそこでルームメートと生活しています。すると保護者は一緒の部屋になる学生がどういう人物なのかを心配するそうです。その友達が我が子に悪影響を与えるのではないかという懸念が生じると、すぐさま学校に通報して、部屋を替えるように主張するというのです。

日本にも近年、こうしたヘリコプター・ペアレントが増えていると言われています。例えば、大学の入学式のときに子供と保護者が同じ空間で説明を聞くことができないと分かると、怒りをあらわにしてクレームをつける親がいたり、子供がどの第二外国語を選択したほうがいいのかを親が大学に問い合わせるケースもあったりと、過保護すぎる親が増えているようです。

子供が可愛いという気持ちは分かりますが、あまりに手をかけてしまいすぎると、子供は自ら考えて行動するということができなくなってしまいます。近年、子供に依存する親（子供に嫌われたくない親も含む）が増えている傾向がありますが、**優しくするだけだと、子供の「自制心」から「創造性」、「困難を乗り越える力」、「ルールを守る力」、ひいては「大人になってからの収入」にもマイナスの影響が出る**ことが示唆されています（第6章『どうしても可愛いくて甘やかしてしまいます。大丈夫でしょうか？』、第7章『子供のために恵まれた環境を与えてやるべきでしょうか？』、第9章『理想的な子育てスタイルを教えてください』などを参照）。

ＡＩが台頭していくこれからの21世紀においては、そうした子供はいずれ淘汰されてしまう可能性があります。植物は何のストレスもない環境で過ごすと、ひよわな植物に育ちます。ストレスが多く厳しい環境の中で育った植物ほど、たくましく成長するのです。

実はこの地球上に生きている全ての生命がそうですが、**親元から離れたとき、子供は飛躍的に成長する**ことが分かっています。自分で生きていくために食べ物を探すなど、生きていく術を自ら学ばなくてはいけないときに、一番成長するのです。よく海外のエリート層の家庭ほど、子供を留学させたり、寮に入れたり、これまで行ったことのないような場所に旅をさせますが、これは子供を大きく成長させるための秘密なのかもしれません。

子供を手放すことに不安を感じることもあるかと思います。しかし、手放すということは逆に「あなたは大丈夫よ」という信頼のメッセージにもなります。子供はそのような期待を受けると、不思議なものでそれに応えようと成長していきます(*29)。もちろん、子離れをするために必要なことは最低限、教えてあげなければいけません。それは礼儀であったり、約束を破らないことであったり、人に挨拶することや、思いやりと自制心を持つことの大切さ、相手が心地よく思える言葉遣いやコミュニケーションなどを教えてあげることも、親の役割かもしれません。まずは**子供が行動しやすくなるように、社会でうまくい**

**くためのマップ（地図）を与えてあげることが大切**になってきます。子供はそのマップをもとに自分で考えて、行動できるようになると、自然と自分の人生を切り開いていけるようになります。

子離れをするのがいつかはその子にもよりますが、少しずつ信頼できることを増やしていくことが大切になってきます。そして、いつか必ず、子供があなたのもとを離れるときがきます。そのときは、たくさんの笑顔と信頼、そして愛情を持って、子供がたくましく無限の可能性を秘めたこの世界を切り開いていく様子を、温かく見守ってあげてください。

そのとき、自分の人生を改めて振り返ってみると、もしかしたら、親である自分自身が一番成長していることに気づくかもしれません。私もまだ小さい息子がいますので、今からその瞬間を待ち遠しく思いながら、子供と一緒に学び、お互いに成長していきたいと思います。

## Afterword あとがき

世界的な研究から分かってきた最先端の子育て法をお伝えしてきましたが、いかがだったでしょうか？　私はもともと大人の研究をメインで行ってきたのですが、今から4年ほど前に幼稚園の方から仕事のご依頼をいただき、それ以来何故か全国に活動が広がって、今では多くの幼稚園や保育園、認定こども園などで、講演や子育ての研究の仕事をさせていただいています。まさか自分でも幼稚園や保育園などで仕事をするとは夢にも思いませんでしたが、今では仕事をしている毎日がエキサイティングで、この仕事をやらせてもらえることに本当に感謝しています。

こんなことを言うと信じてもらえないかもしれませんが、私はもともと小学校から文章を書くのが苦手なほうでした。文章を考えるのに時間はかかるし、何度も推敲《すいこう》しないとまともな文章が書けませんでした。そのため、小さい頃から一瞬で文章をサラッと書ける人がいると羨ましく思ったことをよく覚えています。

でもそんな私が、こうして本を1冊書けるまでになれたのも、実はたくさん練習したおかげだと、今になってしみじみと思います。最初は仕事でも文章を書くのは時間がかかり苦労の連続でした。クライアントさんから専門用語が分かりにくいと言われたり、文章の意図が正確に分からないと言われたり、どうすれば多くの人に伝わる文章が書けるのか、試行錯誤を続けていました。その甲斐あってか、この本は依頼を受けてから、書き上げるまでが本当にあっと言う間で、当時の私からすると奇跡に近いことだと思っています。本書の中でも「幼少期に才能が見られなくても、大人になって才能が開花することがある」という事実をお伝えしましたが、まさに環境（どんな体験をするか？）によって才能を伸ばせるということを身をもって体感させていただいたような気がします。米国の研究でも1万時間練習に費やすと、天才性が開花するという理論もあるようですが、「好きなことを継続すること」で大人になってから才能が伸びるというのは真実だと感じます。

環境という意味では、親の存在は子供にとって想像以上に大きな影響を与えることがあります。よく自分は変わらずに、子供だけを変えようとする親がいますが、それでは親がどんなに必死になっても子供は本当の意味で変わることはできません。子供が自然に変わりたいと思えるようになるためには、まずは親自身が変わることが必要なのです。

これからＡＩ技術が進展することで、この社会は大きく変化することが予想されます。そしてこれまで常識だったことが常識でなくなる時代が到来します。そんなとき、まず私達の考え方を変えることが、子供達を導くための大きな光となります。これは私が大好きな言葉の1つなのですが、今回の本で何度も登場したダーウィンはこんな言葉を残しています。

## Afterword

### 生き残るものは強いからでもなく、賢いからでもない
### 唯一生き残れるのは、変化に対応できるものである

まさにこれからの激動の時代、これまでのやり方に固執してしまう人は淘汰されてしまいます。昔から日本では「平均を求める」人が多いと言われますが、人はもともと平均にはなることはできません。何故なら、人はそもそもそれぞれの個性を持ってこの世に生まれてくるからです。人並を求めること自体が、この世界の法則と矛盾しているかもしれないのです。

平均的なワインの味を求める人はあまりいないと思いますが、それと同じでこれからは平均ではなく、個性の時代が確実に到来します。子供に与えられた個性を見つけて、それを伸ばしてあげる、そして子供が見たこともない新しい世界を体験させてあげることが、子供の可能性を最大化して才能を引き出すきっかけになります。子供に伝えた教育や考え方は、まるで遺伝子が子孫に伝わるのと同じように、次の世代にも伝わっていきます。この世界をいつまでも輝くような素晴らしい場所にしていくためにも、まずは大人自身が輝くことでたくさんの子供達が輝く夢を実現していけるような社会になることを心から願っています。

最後に私がこの本を書くまでには、たくさんの方々にお世話になりました。当時まだ幼稚園や保育園での活動が不慣れだった私に手を差し述べてくださった埼玉県の西浦和幼稚園園長の熊谷万里子さま、講演活動などの活動にご協力いただいた学校法人柿沼学園 認定こども園こどもむら理事長の柿沼平太郎さま、多摩川幼稚園副園長の濵川明子さま、学校法人石川キンダー学園園長の石川明彦さま、社会福祉法人つぼみ会本部の中嶋雄一郎さま、学校法人嶂谷学園ぎんなん幼稚園園長の綴喜誠淳さま、まつたけ幼稚園園長の大竹洋平さま、ＬＣＡ国際小学校学園長／副学園長の山口紀生さまと千恵子さま、これらの方がいなければ、現在の活動と研究は大きく進んでいなかったと思っています。

また分析にもご協力いただいた愛媛県の学校法人（慶応学園）慶応幼稚園園長の二宮一朗さま、北海道の学校法人札幌大蔵学園理事長の小野龍臣さま、天理認定こども園カレス学園さま、栃木県のやままえ保育園園長の藤生義仁さま、学校法人山王学園の伊勢原山王幼稚園理事長／園長の小山直久さまと容子さま、奈良県の延明保育園園長の栄久庵智子さま、愛知県の諏訪幼稚園園長の諏訪淑子さま、関東に１７０園を展開する株式会社こどもの森代表取締役の久芳敬裕さま、広島県の梅林よつば保育園園長の園田祥子さまには、先生や子供達の分析を通して、幼児教育において大切なことは何かをたくさん学ばせていただきました。

そして全国レベルでの活動の普及にご尽力いただいている幼児活動研究会／日本経営教

育研究所所長の八田哲夫さま、関東での活動をご支援いただいている株式会社クロスライフパートナーズ代表取締役の雑賀竜一さま、23の保育園でハッピータイムを展開する教育学博士の星野優美子さまにも大変お世話になりました。またテレビ番組「情熱大陸」でも取り上げられたふじようちえん園長の加藤積一さま、九州で最大規模の幼稚園を経営されている学校法人白水学園理事長の白水剛さまにも、今後の幼稚園の在り方や大切なことをたくさん教えていただきました。

科学者として駆け出しの私にサイエンスとは何かを指導してくださった元東京工業大学名誉教授で医学博士の半田宏先生、大阪大学教授の渡邉肇先生、文章の書き方の基礎を伝授してくださった東京工業大学教授の山口雄輝先生、幼児教育の知識をご教授いただいた元お茶の水女子大学副学長の内田伸子先生（発達心理学）、大学での授業を企画してくださった東京工業大学准教授の金子宏直先生、私を科学の世界からより大きな社会の枠組みに導いてくださった元東京大学名誉教授の中山信広先生、元特許庁部長で現第一国際特許事務所所長の関和郎さま、職員の皆さま、それぞれの方に私の人生にとって大切な生き方、考え方を教えていただきました。

また、これまで私の活動を支援してくださった企業や教育機関さま、弊社の認定トレーナーの皆さま、講演会にいらしていただいた数多くの参加者やクライアントの方々、皆さまがいなければ今の私の研究活動は続けることができませんでした。そして難病だった私を救ってくださったみなと赤十字病院部長の萩山裕之先生にも、この場を借りて心から感謝したいと思います。東京のワインバーで出版の1つのきっかけを与えてくれた株式会社スパイラルアップ代表取締役の原邦雄さま、創業当時から支援してくれた堀川大輔さま、お忙しい中、出版企画を一緒になって考えてくれた株式会社muse代表取締役の勝友美さま、写真家&出版プロデューサーの森モーリー鷹博さまにも心から感謝しています。またどんなに忙しいときも一字一句私の文章に目を通してくださり、いつも愛情を持って叱咤《しった》激励してくださる株式会社ダイヤモンド社の亀井史夫さまにも、本当にお世話になりました。

こうして自分の人生を振り返ると、数えきれないほど多くの人に支えられて生きているんだなと改めて深く感じます。そして、何より小さな頃から人一倍負けず嫌いだった自分を根気よく育ててくれた私の両親、そして子育てで大変な中いつも温かく自分をサポートしてくれている最愛の妻、義母、義妹家族のみんな、そして私にいつも満面の笑みでパワーを与えてくれる2歳の息子には、言葉に代えられないほどの感謝の気持ちを感じています。

これは私が自宅の書斎で本の執筆をしているときのことです。子を持つ親の方へのメッセージとしてどんなことを伝えたいかなと考えていたときに、少し席を外した瞬間がありました。そしてしばらくして机に戻ったのですが、何やら見たこともない文字が打たれて

# Afterword

いたのです。どうやら息子がパソコンのキーボードに触ってしまったようで、こんなことが書かれてありました。

「親へのメッセージ@：：。／；、；；；；；；；；」

意味不明な言葉ですし、印象は人それぞれかもしれませんが、私自身はこれを眺めているうちに、「きっと子供はそれぞれ何か自分なりに伝えたいことがあるんだな」と感じました。「@：：。／；、；；；；；」という言葉が意味すること、子供が伝えたいメッセージは、その日によっても変わるかもしれませんし、そのときの天気によっても変わるかもしれません。ただ、子供は常にメッセージを伝えようとしていて、それを理解しようとする大人の努力が、子育てにおいて最も大切なことなのかもしれないと改めて感じました。ときには子供のために厳しく接することもあるかもしれませんが、常に愛情と謙虚さを忘れずに、子供と一緒にこれからもずっと家族で成長していきたいと思います。

読者の皆さま、最後まで読んでくださり、本当にありがとうございました。またどこかで皆さまとお目にかかれることがあるかもしれません。そのときを楽しみにしながらペンを置きたいと思います。

# 【参考文献】


## はじめに

1 S.L.Spain, et.al., “A genome-wide analysis of putative functional and exonic variation associated with extremely high intelligence”, Molecular Psychiatry, Vol.21, p.1145-1151, 2016

## 序章　妊娠期〜幼少期の悩み

1 Hibbeln J.R., et.al.,“Maternal seafood consumption in pregnancy and neurodevelopmental outcomes in childhood (ALSPAC study): an observational cohort study”, Lancet, Vol.369(9561), p.578-85, 2007

2 Ravelli A.C., et.al., “Glucose tolerance in adults after prenatal exposure to famine”, Lancet, Vol.351, p.173-177, 1998

3 Tobi, E.W., et.al.,“DNA methylation signature link prenatall famine exposure to growth and metabolism”, Nature Communications, Vol.5, Article number:5592,2014

4 Moore S.R., et.al.,“Epigenetic correlates of neonatal contact in humans, ”Dev. Psychopathol., Vol.29(5), p.1517-1538, 2017

5 Zhang T.Y. and Meaney M.J., “Epigenetics and the environmental regulation of the genome and its function”, Annu. Rev. Psychol., Vol.61, p.439-66, 2010 / Cameron N.M., et. al., “The programming of individual differences in defensive responses and reproductive strategies in the rat through variations in maternal care”, Neurosci. Biobehav. Rev., Vol.29(4-5), p.843-65, 2005

6 Suomi S.J., “Risk, resilience, and gene x environment interactions in rhesus monkeys”, Annu. N.Y. Acad. Sci., Vol.1094, p.52-62, 2006

7 篠田有子著「子供の将来は『寝室』で決まる」（光文社新書）

8 Wellman, H. M. & Liu, D., “Scaling theory of mind tasks”, Child Development, Vol.75, p.759-763, 2004

9 Sloutsky, V.M. & Napolitano, A.C. ,“Is a picture worth a thousand words? Preference for auditory modality in young children”, Child Development, Vol.74, p.822-833, 2003

10 M.T. Gailliot & R.F. Baumeister, “The Physiology of Willpower: Linking blood glucose to self-control”, Personality and Social Psychology Review, Vol.11, p.303-27, 2007

## 第1章 子供の将来についての悩み

1 渋谷昌三著「面白いほどよくわかる!心理学の本」（西東社）

2 Cédric Alaux, et.al.,"Honey bee aggression supports a link between gene regulation and behavioral evolution", Proc. Natl. Acad. Sci. USA., Vol.106(36), p.15400-405, 2009
3 Carol S. Dweck,"Mindset:The New Pschology of Success", Ballantine Books
4 Malcolm Gladwell,"Outliers: The Story of Success", Penguin
5 石川裕之「韓国の英才教育院における才能教育の現況と実態：大学 附設科学英才教育院を中心に」京都大学大学院教育学研究科紀要、第53号 p.445-459, 2007
6 ハワード・ガードナー著「MI：個性を生かす多重知能の理論」（新曜社）
7 Jon Acuff,"Finish: Give Yourself the Gift of Done", Portfolio
8 Eric Barker,"Burking Up The Wrong Tree: The Surprising Science Behind Why Everything You Know About Success Is (Mostly) Wrong", HarperOne
9 Krech D., Rosenzweig M.R., Bennett E.L.,"Effects of environmental complexity and training on brain chemistry"J.Comp.Physiol.Psychol., Vol.53, p.509-19, 1960
10 遊びによる脳の活性化のしくみ／中山隼雄科学技術文化財団、年次活動報告書 ２０１２
11 Mahoney, J.L., Lord, H., Carryl, E., "An ecological analysis of after-school program participation and the development of academic performance and motivational attributes for disadvantaged children", Child Dev., Vol.76(4), p.811-25, 2005

## 第2章 子供の性格についての悩み

1 Hetzer H.,"100 years of child psychology research", Fortschr. Med., Vol.101(7), p.255-8, 1983
2 Marion Spengler, et. al., "Student Characteristics and Behaviors at Age 12 Predict Occupational Success 40 Years Later Over and Above Childhood IQ and Parental Socioeconomic Status" Developmental Psychology, Vol.51(9), p.1329-40, 2015
3 T.A., Judge, B.A., Livingston, C., Hurst.,"Do nice guys–and gals–really finish last? The joint effects of sex and agreeableness on income", J. Pers. Soc. Psychol., Vol.102(2), p.390-407, 2012
4 Chen, X., et.al., "Child-rearing attitudes and behavioral inhibition in Chinese and Canadian toddlers: a cross-cultural study", Dev. Psychol., Vol.34(4), p.677-86, 1998
5 安藤寿康著「日本人の9割が知らない遺伝の真実」（ＳＢクリエイティブ株式会社）
6 Keller T.A. & Just M.A., "Structural and functional neuroplasticity in human learning of spatial routes", NeuroImage., Vol.125, p.256-266, 2016

7 Sasmita, A.O., et.al., “Harnessing neuroplasticity: modern approaches and clinical future”, Int. J. Neurosci., p.1 - 17, 2018

8 Rakic, P., "Neurogenesis in adult primate neocortex: an evaluation of the evidence”, Nature Reviews Neuroscience. Vol.3 (1), p.65-71, 2002

## 第3章 子供の行動についての悩み

1 Lewis, M., Stranger, C. & Sullivan, M. W.,“Deception in 3-year-olds”, Developmental Psychology, Vol.25, p.439 - 443, 1989

2 Matsui, T. & Miura, Y., “Three-year-olds are capable of deceiving others in the pro-social context but not in the manipulative context”, Poster presentation at the 2011 Biennial Meeting of Society for Research in Child Development, 2011

3 Hu Y. et.al.,“GWAS of 89,283 individuals identifies genetic variants associated with self-reporting of being a morning person”, Nature Communication, Vol.7:10448, 2016

4 Freedman, J.L.,“Long-term behavioral effects of cognitive dissonance”, Journal of Experimental Social Psychology, Vol.1(2), p.145 - 155,1965

5 Langer,E.J.et.al.,“The mindlessness of ostensibly thoughtful action: The role of ‘placebic’ information in interpersonal interaction. Citation”, Journal of Personality and Social Psychology, Vol.36(6), p.635 - 642, 1978

6 Kathleen D. Vohs, et.al., “Physical Order Produces Healthy Choices, Generosity, and Conventionality, Whereas Disorder Produces Creativity”, Psychol. Sci., Vol.24(9), p.1860-7, 2013

7 Miyamoto Misako, et.al.,“The Child Monologue”, 教育心理学研究 Vol.13(4), p.14 - 20, 1965

8 Mannezza, S., et.al., “Hyperactive boys almost grown up:V. Replication of psychiarric status”, Archives of General Psychiatry, Vol.48, p.77 - 83,1991

9 Mariyn Wedge,“Disease called childhood:Why ADHD became an American Epidemic”, Hardcover - March 24, 2015

10 Fritz K.M. & O’connor, P., “Acute exercise improves mood and motivation in young men with ADHD symptoms, ”Med. Sci. Sports Exec., Vol.48(6), p.1153-1160, 2016

11 Sano, M., et.al., “Increased oxygen load in the prefrontal cortex from mouth breathing: a vector-based near-infrared spectroscopy study”, Neuroreport, Vol.24(17), p.935-40, 2013

12 Artin Arshamian, et.al.,“Respiration modulates olfactory memory consolidation in humans”, Journal of Neuroscience, p.3360 - 17, 2018

13 小久江 由佳子他（東北大学）､「小児の口呼吸に対する実態調査」小児歯科学雑誌 (Vol.41(1), p.140 - 147, 2003

14 “Involving children in household tasks: Is it worth the effort?”, Sep.2002, published by University of Minnesota, http://ghk.h-cdn.co/assets/cm/15/12/55071e0298a05_-_Involving-children-in-household-tasks-U-of-M.pdf

15 Vaillant, G.E. & Vaillant, C.O., “Natural history of male psychological health, X: Work as a predictor of positive mental health”Am. J. Psychiatry, Vol.138(11), p.1433 - 40, 1981

16 Lumley, M.A. & Provenzano, K.M.,“Stress Management through Written Emotional Disclosure Improves Academic Performance among College Students with Physical Symptoms”, Journal of Educational Psychology, Vol.95 (3), p.641-49, 2003

17 Lyubomirsky, S. & Tkach, C., “The Consequences of dysphoric rumination”, C. Papageorgiou and A. Wells(eds) Rumination: Nature, Theory, and treatment of negative thinking in depression, p.21-4, 2003

18 Chichester, England: John Wiley & Sons., S.Spera. E.Buhrfeind and J.W.Pennebaker, “Expressive writing and coping with job loss”, Academy of Management Journal, Vol.3, p.722-33, 1994

## 第4章 子供の教育についての悩み

1 Wagner U., at.al., “Sleep inspires insight”, Nature, Vol.427(6972), p.352-5, 2004

2 Walfson A.R. & Carskadon M.A., “Sleep schedules and daytime functioning in adolescents”, Child Dev., Vol.69(4), p.875-87, 1998

3 Cari Gillen-O’ Neel, et.al., “To Study or to Sleep? The Academic Costs of Extra Studying at the Expense of Sleep”, Child Dev., Vol.84(1), p.133-42, 2013

4 Y.Taki, et.al., “Sleep duration during weekdays affects hippocampal gray matter volume in healthy children” NeuroImage, Vol.60(1), p.471-475, 2012

5 Mueller, C. M., & Dweck, C. S. “Praise for Intelligence Can Undermine Children's Motivation and Performance”, Journal of Personality and Social Psychology, Vol.75, p.33, 1998

6 Joan L., Lubby et.al., “Preschool is a sensitive period for the influence of maternal support on the trajectory of hippocampal development”, Proc. Natl. Acad. Sci. USA., Vol.113(20), p.5742-5747, 2016

7 Baker, G.P. & Graham, S., “Developmental study of praise and blame as attributional cues”, Journal of Educational Psychology, Vol.79,p.62-66

8 Holmes, J., “Compliments and compliment response in New Zealand English”, Anthropological Linguistics, Vol.28, p.485-508, 1986

9 Collins, N.L., & Frrney, B.C., “Working model of attachment shape perceptions of social support: Evidence from experimental and observational studies”, Journal of Personality and Social Psychology, Vol.87, p.363-383, 2004

10 青木直子「小学校の1年生のほめられることによる感情反応―教師と1対1の場合とクラスメイトがいる場合の比較―」発達心理学研究’ Vol.20(2), p.155-164, 2009

11 Deci, E.L., “Effects of externally mediated rewards on intrinsic motivation”, J. Pers. Soc. Psychol., Vol.18, p.105–115, 1971

12 Murayama, K., et.al, “Neural basis of the undermining effect of monetary reward on intrinsic motivation”, Proc. Natl. Acad. Sci. USA., Vol.107(49), p.20911-6, 2010

13 Roland, G. Fryer, Jr., “Financial Incentives and Student Achievement: Evidence from Randomized Trials”, The Quarterly Journal of Economics, Vol.126(4), p.1755-1798, 2011

14 Steven, M. Smith, Arthur Glenberg and Robert, A. Bjork, “Environmental context and human memory”, Memory & Cognition, Vol.6(4), p.342-53, 1978

15 Suwabe, K., et.al., “Acute moderate exercise improves mnemonic discrimination in young adults”, Hippocampus, Vol.27(3), p.229-234,2017

16 Griffin E.W., et.al.,“Aerobic exercise improves hippocampal function and increases BDNF in the serum of young adult males”, Physiol. Behav., Vol.104, p.934-941, 2011

17 Eelco, V. van Dongen, et.al., “Physical exercise performed four hours after learning improves memory retention and increases hippocampal pattern similarity during retrieval”, Current Biol., Vol.26(13), p.1722-1727, 2016

18 Edmonds, C. J. & Burford, D., ”Should children drink more water? The effects of drinking water on cognition in children”, Appetite, Vol.52, p.776-779, 2009

19 Benton, D. & Burgess, N., “The effect of the consumption of water on the memory and attention of children”, Appetite, Vol. 53, p.143–146,2009

20 Booth, P., Taylor, B. G., and Edmonds, C. J., “Water supplementation improves visual attention and fine motor skills in schoolchildren”, Educ. Health, Vol. 30, p.75-79, 2012

21 Bureau of Labor Statistics: National Longitudinal Survey of Youth, 1997

22 浦坂純子・西村和雄・平田純一・八木匡 [2011]、「理系出身者と文系出身者の年収比較―JHPS データに基づく分析結果―」、『RIETI Discussion Paper Series 11-J-020』（独立行政法人産業経済研究所）、p.1-22.

23 西村和雄・平田純一・八木匡・浦坂純子、「高等学校における理科学習が就業に及ぼす影響―大卒就業者の所得データが示す証左―」、『RIETI Discussion Paper Series 12-J-001』（独立行政法人産業経済研究所）、p.1-19.

24 Mahon,M., & Crutchley, A., “Performance of typically-developing school-age children with English as an additional language on the British Picture Vocabulary Scales II”, Child Language Teaching and Therapy, Vol.22(3), p.333-351, 2006

25 Oller, D.K. & Eilers, R.E., (2002)“Language and literacy in bilingual children(Vol.2)”, Multilingual Matters

26 Gollan,T.H. & Acenas, L.-A.R., “What is a TOT? Cognate and translation effects on tip-of-the-tongue states in Spanish-English and Tagalog-English bilinguals”, J. Exp. Psychol. Learn Mem. Cogn., Vol.30(1), p.246-69, 2004

27 Bialystok, E., “Cognitive complexity and attentional control in the bilingual mind”, Child Development, Vol.70(3), p.636-644, 1999

28 Samantha, P. Fan, et.al., “The Exposure Advantage; Early Exposure to a Multilingual Environment Promotes Effective Communication”,

Psychol. Sci., Vol.26(7), p.1090-1097, 2015
29 Genesee, F., Tucker, G.R. & Lambert, W.E., “Communication skills of bilingual children”, Child Development, p.1010-1014, 1975
30 Siegal, M., Iozzi, L., and Surian, L., “Bilingualism and conversational understandings in young children”, Cognition, Vol.110(1), p.115-122,2009
31 Grosjean, F. (2010). Bilingual: Life and reality. Cambridge, MA: Harvard University Press.
32 Brian, T. Gold, et.al.,“ Lifelong bilingualism maintains neural efficiency for cognitive control in aging”, The Journal of Neuroscience, Vol.33(2), p.387-396, 2013
33 Panos, Athanasopoulos, et.al., “Two languages, two minds: Flexible cognitive processing driven by language of operation” (PDF)

## 第5章 情操教育の悩み

1 Chamberlain, Rebecca, “Drawing as a window onto expertis”, Current Directions in Psychological Science, 2018, ISSN 0963-7214
2 Hillman, C.H., et.al., “Be smart, exercise your heart: exercise effects on brain and cognition”, Nature Review Neuroscience, Vol.9(1), p.58-65, 2008
3 Coe, D.P., et.al., “Effect of physical education and activity levels on academic achievement in children”, Med. Sci. Sports Exerc., Vol.38(8), p.1515-9, 2006
4 Sibley, B.A. & Etnier, J.L., “The relationship between physical activity and cognition in children ： A meta-analysis”, Pediatric Exercise Science, Vol.15, p.243-56, 2003
5 杉原隆・森司朗・吉田伊津美（2004）「幼児の運動能力発達の年次推移と運動能力発達に関与する環境要因の構造的分析」平成14 - 15年度文部科学省科学研究費補助金（基盤研究 B）研究成果報告書
6 Flynn, Jennifer, I., et.al., “The Association Between Study Time, Grade Point Average And Physical Activity Participation In College Students: 2290Board #178 May 28 3:30 PM - 5:00 PM”, Medicine & Science in Sports & Exercise, Vol.41(5), p.297, 2009
7 藤野良孝著『1流が使う魔法の言葉』（祥伝社）
8 Zhao, T.C. & Kuhl, P.K.,“Musical intervention enhances infants’ neural processing of temporal structure in music and speech”, Proc. Natl. Acad. Sci. USA., Vol.113(19), p.5212-7, 2016
9 Anvari, S.H., et.al., “Relations among musical skills, phonological processing, and early reading ability in preschool children”, Journal of Experimental Child Psychology, Vol.83, p.111-130, 2002
10 Mona Lisa Chanda & Daniel J. Levitin,“The neurochemistry of music”, Trends in Cognitive Science, Vol.17(4), p.179-93, 2013

11 Leslie J. eltzer, et.al., "Social vocalizations can release oxytocin in humans" Proc. Biol. Sci., Vol.277(1694), p.2661-2666, 2010

12 C.F., Chabris, "Prelude or Requiem for the 'Morzart Effect'? ", Nature, Vol.400, p.827, 1999

13 Alain, C., et.al., "Different neural activities support auditory working memory in musicians and bilinguals", Annals of the New York Academy of Sciences, 2018 May 17. doi: 10.1111/nyas.13717. [Epub ahead of print]

14 八木剛平「精神疾患におけるレジリアンス－生物学的研究を中心に－」精神経誌 , Vol.110(9), p.770-775, 2008

15 Shawn Achor, "The happiness Advantage: The Seven Principles of Positive Psychology that Fuel Success and Performance at Work" Virgin Books

16 大橋節子「不登校経験のある高校生のレジリエンスに対するパフォーマンス活動の効果と学校適応への影響 ― K高校パフォーマンスコースの実践から―」甲南女子大学大学院論集 Vol. 12, p.17-27, 2014

17 Schellenberg, E. G., "Long-term positive associations between music lessons and IQ", Journal of Educational Psychology, Vol.98(2), p.457-468, 2006

18 Prot, S., et.al.,"Video Games: Good, Bad, or Other? "Pediatr. Clin. North Am., Vol.59(3), p.647-58, 2012

19 Yalda, T. Uhls, et.al.,"Five days at outdoor education camp without screens improves preteen skills with nonverbal emotion cues", Computers in Human Behavior, Vol.39, p.387-392, 2014

20 C. Shawn Green & Daphne Bavelier, "Action video game modifies visual selective attention", Nature, Vol.423, p.534–537, 2003

21 Peter J. Etchells, et.al., "Prospective Investigation of Video Game Use in Children and Subsequent Conduct Disorder and Depression Using Data from the Avon Longitudinal Study of Parents and Children", PLoS One, Vol.11(1), e0147732, 2016

22 Przybylski A.K.,"Electronic Gaming and Psychosocial Adjustment", Pediatrics, Vol.134(3), e716-22, 2014

23 Vanderschuren, L.J.M.J., et.al., "The neurobiology of social play behavior in rats", Neuroscience and Biobehavioral Reviews, Vol.21, p.309-26,1997

24 Rose, K.A., et.al., "Outdoor activity reduces the prevalence of myopia in children", Ophthalmology, Vol.115, p.1279-85, 2008

25 Rebecca Purewal, et.al., "Companion Animals and Child/Adolescent Development: A Systematic Review of the Evidence", Int. J. Environ. Res. Public Health, Vol.14(3), p.234, 2017

26 Bergroth, E., et.al., "Respiratory tract illnesses during the first year of life: effect of dog and cat contacts", Pediatrics, Vol.130(2),p.211-20, 2012

27 Lynch J. 1983「10章　動物を眺め、動物に話しかけることと血圧の関係―生き物と相互作用の生理的結果―」A・H・キャッチャー、A・H・& ベック編、コンパニオン・アニマル研究会訳、１９９４「コンパニオン・アニマル」誠信書房、p.119-130

## 第6章 男の子・女の子の悩み

1 西村和雄、八木匡 「子育てのあり方と倫理観、幸福感、所得形成 ―日本における実証研究―」 独立法人経済産業研究所 『RIETI Discussion Paper Series 16-J-048』、2016

2 許 佳美「母親の養育態度と子供の発達―中日比較調査」 関西学院大学臨床教育心理学研究、Vol.21, p.147-158, 1995

3 楊・李・田中 敏明「少子化時代である幼児の親の教育観―中日韓の比較文化的研究（中国語）」学前教育研究、Vol.77, p.32-35, 1999

4 Junyi Yang, et.al.,“Only-child and non-only-child exhibit differences in creativity and agreeableness: evidence from behavioral and anatomical structural studies”, Brain Imaging and Behavior, Vol.11(2), p.493–502, 2017

5 Servin A., et.al., “Sex differences in 1-, 3-, and 5-year-olds' toy-choice in a structured play-session” Scand. J. Psychol., Vol.40(1), p.43-8,1999

6 Alexander G.M. & Hines M., “Sex differences in response to children's toy in nonhuman primates (Cercopithecus aethiops sabaeus)” Evolution & Human Behavior, Vol.23(6), p.467-479, 2002

7 Israel Abramov, et.al.,“Sex & vision I: Spatio-temporal resolution”, Biology of Sex Differences, Vol.3(1)20, 2012

8 Israel Abramov, et.al., “Sex and vision II: color appearance of monochromatic lights”, Biology of Sex Differences, Vol.3(1)21, 2012

9 Moore D.S. & Johnson S.P., “Mental rotation in human infants”, Psychol. Sci., Vol.19, p.1063-66, 2008

10 Quinn P.C. & Liben L.S.,“A sex defference in mental rotation in young infants”, Psychol. Sci., Vol.19, p.1067-70, 2008

11 Voyer D., et.al., “Magnitude of sex differences in spatial abilities: A meta-analysis and consideration of critical variables”, Psychological Bulletin, Vol.117, p.250-70, 1995

12 Earon, W.O., & Enns, L.R., “Sex differences in human motor activity level”, Psychological Bulletin, Vol.100, p.19-28, 1986

13 Ozel S., et.al., “Relation between sport and spatial imagery: Comparison of three groups of participants”, J. Psychol., Vol.138, p.49-63,2004

14 Elseline Hoekzema,et.al., “Pregnancy leads to long-lasting changes in human brain structure”, Nature Neuroscience Vol.20, p.287-96,2017

## 第7章 子供の環境の悩み

1 A. Diksterhuis & A. van Knippenberg, “The relation between perception and behaveor , or how to win a game of trivial pursuit”, J. Pers. Soc. Psychol., Vol.74(4), p.865-77, 1998

2 Tim Doring & Brian Wansink, “The Waiter's Weight Does a Server's BMI Relate to How Much Food Diners Order?”, Environment and Behavior, Vol.49(2), p.192-214, 2015

3 Kochanska, G., et.al., “A Interplay of genes and early mother-child relationship in the development of self-regulation from toddler to

preschool age", J. Child Psychol. Psychiatry, Vol.50(11), p.1331-8, 2009
4 Lan Nguyen Chaplin & Deborah Roedder John, "Differences in Materialism in Children and Adolescents", Journal of Consumer Research, Vol.34(4), p.480-493, 2007
5 Joanna Sioka, M.D.R. Evance, and Jonathan Kelley, "Scholarly culture: How books in adolescence enhance adult literacy, numeracy and technology skills in 31 societies", Social Science Research, Vol.77, p.1-15, 2019
6 A.F.Taylor, et.al., "Growing Up in the Inner City: Green Spaces as Places to Grow", Environmental and Behavior, Vol.30, p.3-27, 1998
7 Ruth Ann Atchley, David L. Strayer, Paul Atchley, "Creativity in the Wild: Improving Creative Reasoning through Immersion in Natural Settings", PLoS One, Vol.7(12), e51474, 2012
8 R.S.Ulrich. "View through a window may influence recovery from surgery", Science, Vol.224, p.420-1,1984
9 F.E., Kuo & W.C., Sullivan, "Environment and crime in the inner city: Does vegetation reduce crime?", Environment and Behavior, Vol.30, p.343-65, 2001
10 Elizabeth M. Goetz & Donald M. Baer, "Social control of form diversity and the emergence of new forms in children's blockbuilding", J. Appl. Behav. Anal., Vol. 6(2), p.209-217, 1973
11 E.S., Epel, et.al., "Meditation and vacation effects have an impact on disease-associated molecular phenotypes" Translational Psychiatry, Vol.6, e880, 2016
12 Jeroen Nawijn, et.al.,"Vacationers Happier, but Most not Happier After a Holiday", Appl. Res. Qual. Life, Vol.5(1), p.35-47, 2010
13 E., Touchette, et.al., "Associations Between Sleep Duration Patterns and Behavioral/Cognitive Functioning at School Entry", Sleep, Vol.30(9), p.1213–1219, 2007
14 Jodi, A. Mindell, et.al., "Cross-cultural differences in infant and toddler sleep", Sleep Medicine, Vol.11(3), p.274-280, 2010
15 東北大学 加齢医学研究所 スマート・エイジング国際共同研究センタープレリリース　２０１０年１月10日
16 Akistuki Y., et.al., "Nutritional quality of breakfast affects cognitive function: an fMRI study", Neuroscience & Medicine, Vol.2, p.192-197,2011

第8章 子供の心の鍛え方

1 Ccarol S. Dweck, "Mindset: The New Psychology of Success", Ballantine Books, 2007
2 Terrie E. Moffitt, et.al., "A gradient of childhood self-control predicts health, wealth, and public safety", Proc. Natl. Acad. Sci. USA., Vol.108 (7), p.2693-2698, 2011

3 McClelland M.M., et.al., “Links between behavioral regulation and preschoolers' literacy, vocabulary, and math skills”, Dev. Psychol., Vol. 43(4), p.947-59, 2007

4 Austin, E. J., et.al., “Relationships between ability and personality: does intelligence contribute positively to personal and social adjustment?”, Personality and Individual Differences, Vol.32, p.1391-1411, 2002

5 Cameron Ponitz, C. E., McClelland, M. M., Jewkes, A. M., Connor, C. M., Farris, C. L., & Morrison, F. J., “Touch your toes! Developing a direct measure of behavioral regulation in early childhood”, Early Childhood Research Quarterly, Vol.23(2), p.141-158, 2008

6 S., Tominey & M.M., McClelland, “And when they woke up... they were monkeys!”, Using classroom games to improve preschoolers's behavioral self-regulation, PDF

7 S. Tominey & M.M. MacClelland, “And when they woke up. they were monkeys! Using classroom games to promote preschoolers's self-regulation and school readinesss”, Poster presented at the biennial conference on human development, Indianapolis, IN.

8 Alexander Soutschek, et.al., “Brain stimulation reveals crucial role of overcoming self-centeredness in self-control” Science Advances, Vol.2(10), e1600992, 2016

9 Sue Shellenbarger,“The Power of the Earliest Memories” The Wall Street Journal, April 7, 2014

10 Zaman, W. & Fivush, R., “Intergenerational narratives and adolescents’ emotional well-being”, Journal of Adolescence, Vol.21, p.703-716,2011

11 Smith, S.M., & Petty, R.E. “Personality mod- erators of mood congruency effects on cognition: The role of self-esteem and negative mood regulation”, Journal of Personality and Social Psychology, Vol.68, p.1092-1107, 1995

12 Amabile, T.M., “Children’s artistic creativity: Detrimental Effects of Competition in a Field Setting”, Personality and Social Psychology Bulletin 8, p. 573–578, 1982

13 太田伸幸「学習場面におけるライバルの有無に影響する要因―競争と学習に対する態度に注目して―」愛知工業大学研究報告，Vol.40-A, Mar, 2005

14 Anders Ericson & Robert Pool,“Peak: Secrets from the New Science of Expertise”, Houghton Mifflin Harcourt

15 Ryan & Deci, “Self-determination theory and the facilitation of intrinsic motivation, social development, and well-being”, American Psychologist, Vol.55(1), p.68-78, 2000

16 Kamiya, K., et.al., “Prolonged gum chewing evokes activation of the ventral part of prefrontal cortex and suppression of nociceptive responses: involvement of the serotonergic system”, J. Med. Dent. Sci., Vol.57(1), p.35-43, 2010

## 第9章 夫婦間の悩み

1 Baumrind, D., “Child care practices anteceding three patterns of preschool behavior”, Genetic Psychology Monographs, Vol.75(1), p.43-88, 1967

2 Baumrind, D., “Authoritarian vs. authoritative parental control”, Adolescence, Vol.3, p.255-272, 1968

3 Maccoby, E.E. & Martin, J.A., “Socialization in the context of the family: Parent-child interaction”, In P. Museen(Ed.) Handbook of Child Psychology, Vol.4, New York: Wiley, 1983

4 西村和雄、八木匡「子育てのあり方と倫理観、幸福感、所得形成—日本における実証研究—」独立法人経済産業研究所『RIETI Discussion Paper Series 16-J-048』2016

5 Raver, C.C., et.al., “Poverty, household chaos, and interparental aggression predict children's ability to recognize and modulate negative emotions”, Development and Psychopathology, Vol.27(3), p.695-708, 2015

6 Baker, A.J.L.,“Adult children of parental alienation syndrome”, W.W.Newton & Company.

7 Holmes, M.R., “The sleeper effect of intimate partner violence exposure: long-term consequences on young children's aggressive behavior”, Journal of Child Psychology and Psychiatry, Vol.54(9), p.986-95, 2013

8 結婚情報センター「夫婦喧嘩と仲直り」に関するアンケート調査、２０１４年12月22日〜２０１５年1月5日

9 Lora, K. R., et.al., “Frequency of family meals and 6-11 year-old children’s social behaviors”, Journal of Family Psychology, Vol.28, p.577-582, 2014

10 John, M. Gottman　& Joan DeClaire, “The relation cure: A Five-step guide to strengthening your marriage, family, and friendships” / John, M. Gottman & Nan Silver,“The Seven Principles for Making Marriage Work: A Practical Guide from the Country's Foremost Relationship Expert”

11 Richard, B. Slatcher, et.al., “Am ‘I’ more important than ‘we’? Couples’ word use in instant messages ”, Personal Relationships, Vol.15, p.407-424, 2008

12 Roy F. Baumeister, “Willpower: Rediscovering the Greatest Human Strength” Penguin Books; 1 edition

13 C.M. Barnes, et.al., “Lack of sleep and unethical conduct”, Organizational Behavior and Human Decision Processes, Vol.115, p.169-180,2011

14 Baron, R.A., “The Sweet Smell of... Helping: Effects of Pleasant Ambient Fragrance on Prosocial Behavior in Shopping Malls” Personality and Social Psychology Bulletin, Vol.23(5), p.498-503, 1997

15 Seo, H.S., et.al., “Effects of coffee bean aroma on the rat brain stressed by sleep deprivation: a selected transcript and 2D gel-based proteome analysis”, J. Agric. Food Chem., Vol.56(12), p.4665-73, 2008

16 池谷裕二著「脳には妙なクセがある」（扶桑社）

17 Mark Moss, et. al., presented at the British Psychological Society’s Annual Conference in Nottingham, 2016

18 The Atlantic Review,"What makes us happy? Is there a fomula – some mix of love, work, and psychology adaptation – for a good life?", June2009

19 N.J. Cabrera, J.D. Shannon, C. Tamis-LeMonda, "Fathers' Influence on Their Children's Cognitive and Emotional Development: From Toddlers to Pre-K", Applied Development Science, Vol. 11(4), p.208-213, 2007

20 Laura M. Padilla-Walker, et.al., "Keep on Keeping On, Even When It's Hard!: Predictors and Outcomes of Adolescent Persistence", The Journal of Early Adolescence, Vol. 33(4), p.433-457, 2012

21 Daniel Nettle, "Why do some dads get more involved than others? Evidence from a large British cohort", Evolution & Human Behavior, Vol. 29(6), p.416-423, 2008

22 Khaleque, A., & Rohner, R.P., "Transnational Relations Between Perceived Parental Acceptance and Personality Dispositions of Children and Adults/A Meta-Analytic Review", Pres. Soc. Psychol. Rev., Vol.16(2), p.103-15, 2012

23 Croft, A., Schmader, T., Block, K., & Baron, A.S., "The second shift reflected in the second generation: Do parents' gender roles at home predict children's aspirations?", Psychological Science, Vol.25, p.1418-1428, 2014

24 Lee T. Gettler, et.al., "Does cosleeping contribute to lower testosterone levels in Fathers? Evidence from the Philippines", PLoS ONE, Vol.7 (9), 2012

25 Aronson, E., Willerman, B., & Floyd, J., "The effect of a pratfall on increasing interpersonal attractiveness", Psychonomic Science, Vol.4(6), p.227-228, 1966

26 Snodgrass, S.E., Higgins, J.G., & Todisco, L., "The Effects of Walking Behavior on Mood", paper presented at the Annual Convention of the American Psychological Association, 1986

27 Laura M. Hsu, Jaewoo Chung, and Ellen J. Langer "The influence of age-related cues on health and longevity", Association for Psychological Science, Vol. 5(6), 2010

28 Seminowicz, D.A., et.al., "Effective treatment of chronic low back pain in humans reverses abnormal brain anatomy and function", J. Neurosci., Vol.31(20), p.7540-50, 2011

29 Larson, K., et.al., "Cognitive Ability at Kindergarten Entry and Socioeconomic Status", Pediatrics,Vol.135(2), e440-8, 2015

［著者］
**西 剛志**（にし・たけゆき）
脳科学者（工学博士）、分子生物学者。T&Rセルフイメージデザイン代表。LCA教育研究所顧問。1975年、宮崎県高千穂生まれ。東京工業大学大学院生命情報専攻修了。2002年に博士号を取得後、（一財）知的財産研究所に入所。2003年に特許庁に入庁。大学院非常勤講師を兼任しながら、遺伝子や脳内物質など最先端の仕事を手掛ける。その後、自身の夢を叶えてきたプロセスが心理学と脳科学の原理に基づくことに気付き、2008年、世界的にうまくいく人達の脳科学的なノウハウを企業や個人向けに提供する会社を設立。現在は脳科学を生かした子育ての研究も行い、大人から子供まで、才能を伸ばすサービスから、幼稚園・保育所の先生／保育士／保護者向けの講演会、分析サービスなどで7000名以上をサポートしている。横浜を拠点として全国に活動を広げている。

脳科学的に正しい
一流の子育てQ＆A

2019年4月3日　第1刷発行

著　者——西 剛志
発行所——ダイヤモンド社
〒150-8409　東京都渋谷区神宮前6-12-17
http://www.diamond.co.jp/
電話／03･5778･7227（編集）　03･5778･7240（販売）

装丁・本文デザイン—別府 拓（Q.design）
DTP———徳本育民
編集協力・写真—森モーリー鷹博
図版作成——スタンドオフ
イラスト——庄司 猛
校正————鷗来堂
製作進行——ダイヤモンド・グラフィック社
印刷————堀内印刷所（本文）・加藤文明社（カバー）
製本————ブックアート
編集担当——亀井史夫


ISBN 978-4-478-10781-2